EDUCAÇÃO
COMO PRÁTICA DA LIBERDADE

– PAULO FREIRE

Patrono da Educação Brasileira

EDUCAÇÃO
COMO PRÁTICA DA LIBERDADE

44ª edição

PAZ & TERRA

Rio de Janeiro | São Paulo

2018

Editora Paz e Terra Ltda.
Rua do Paraíso, 139, 10º andar, conjunto 101
Paraíso – São Paulo – 0410300
www.record.com.br

Seja um leitor preferencial Record.
Cadastre-se e receba informações sobre nossos lançamentos e nossas promoções.

Atendimento e venda direta ao leitor:
mdireto@record.com.br ou (21) 2585-2002.

Texto revisado segundo o novo Acordo Ortográfico da Língua Portuguesa.

CIP-BRASIL. CATALOGAÇÃO NA FONTE
SINDICATO NACIONAL DOS EDITORES DE LIVROS, RJ

Freire, Paulo, 1921-1997
44ª ed. Educação como prática da liberdade / Paulo Freire. – 44ª ed. – Rio de Janeiro / São Paulo: Paz e Terra, 2018.

1. Educação 2. Freire, Paulo, 1921-1997 3. Pedagogia I. Título.

ISBN 978-85-7753-165-3

11-03202 CDD-370.1

Índices para catálogo sistemático:
1. Freire, Paulo: Pedagogia: Educação 370.1

Impresso no Brasil
2018

Sumário

Educação e política: reflexões sociológicas sobre uma pedagogia da liberdade

Este ensaio de Paulo Freire nos propõe as linhas mestras de sua visão pedagógica e de seu método de ensino. Contudo, convém ter presente desde o início que não se trata apenas da exposição de mais uma teoria educacional. O autor não é um mero espectador na história de seu povo, de modo que as ideias aqui apresentadas trazem, claras e explícitas, as marcas da experiência vivida pelo Brasil nestas últimas décadas. Paulo Freire soube reconhecer com clareza as prioridades da prática nesta etapa crucial assinalada pela emergência política das classes populares e pela crise das elites dominantes. Assim, até a elaboração do presente livro — escrito, depois da queda do governo Goulart, nos intervalos das prisões e concluído no exílio —, suas ideias alcançaram projeção em todo o Brasil, menos através de textos de estilo acadêmico que das conferências ao grande público e das polêmicas com os adversários do movimento de educação popular que criou e dirigiu nos últimos anos anteriores ao golpe de Estado de 1964. A urgência dos problemas de organização e de coordenação deste movimento de democratização da cultura deixou ao autor menos tempo do que ele teria desejado para a elaboração teórica. Havia que aproveitar as possibilidades institucionais abertas à mobilização popular para atacar de frente a meta da alfabetização. A teoria teve de esperar que o exílio do autor lhe permitisse um esforço de sistematização.

Mas o atraso relativo da teoria não é apenas produto das circunstâncias. Uma pedagogia da liberdade, como a que Paulo Freire nos propõe, tem suas exigências, e a primeira delas é exatamente o reconhecimento dos privilégios da prática. E este é particularmente o caso quando a própria elaboração teórica, em sua abertura à história, ilumina a urgência da alfabetização e da conscientização das massas neste país em que os analfabetos constituem a metade da população e são a maioria dos pauperizados por um sistema social marcado pela desigualdade e pela opressão. Por isso podemos afirmar, sem desconhecer a importância dos textos anteriores do autor, que se propõe aqui pela primeira vez uma visão global de suas ideias pedagógicas. Não nos referimos a sua proposição definitiva e acabada, pois é do estilo deste pensamento unido à prática encontrar-se em constante reformulação e desenvolvimento. Mas o que sobretudo convém ter presente é que este ensaio educacional — ainda quando reivindique, como toda teoria, validade geral — se acha impregnado das condições históricas que lhe deram origem. Constitui, em ampla medida, uma reflexão sobre a experiência do autor e de seu povo na última etapa da história brasileira. Embora não possa estar no Brasil desempenhando sua missão de educador participante, Paulo Freire continua o mesmo homem de ação neste livro em que começa a explicitar a dimensão teórica de sua prática, do mesmo modo que no período anterior nunca deixou de ser também o inspirador e o teórico do movimento que dirigia.

A apresentação deste livro parece-nos assim uma valiosa oportunidade para algumas considerações sobre o movimento popular brasileiro. Em verdade, seria difícil tratar de outro modo um pensamento engajado como o de Paulo Freire. Suas ideias nascem como uma das expressões da emergência política das classes populares e, ao mesmo tempo, conduzem a uma reflexão e a uma prática dirigidas sobre o movimento popular. Mas cabe assinalar que se estas ideias trazem nítidos os sinais do tempo e das condições históricas brasileiras, isso não significa que se encontre inibida a possibilidade de esclarecimento de sua significação geral. Não seria ilegítimo pretender que esta visão educacional diga algo de verdadeiro para todos os povos dominados do Terceiro Mundo. E há ainda algo mais que esta intenção de generalidade para as experiências aqui referidas. Porque no campo da significação geral do movimento brasileiro de educação popular interessam-nos sobretudo suas implicações sociais e políticas. Esta preocupação, que vai além da esfera pedagógica em que se move o autor, constitui um dos motivos básicos destas nossas reflexões. A experiência educacional com as massas não deveria ser considerada uma sugestão para o estudo de novas linhas para uma autêntica política popular?

A visão da liberdade tem nesta pedagogia uma posição de relevo. É a matriz que atribui sentido a uma prática educativa que só pode alcançar efetividade e eficácia na medida da participação livre e crítica dos educandos. É um dos princípios essenciais para a estruturação do *círculo de cultura*, unidade de ensino que substitui a "escola", autoritária por estrutura e tradição. Busca-se no círculo de cultura, peça fundamental no movimento de educação popular, reunir um *coordenador* a algumas dezenas de homens do povo no trabalho comum pela conquista da linguagem. O coordenador, quase sempre um jovem, sabe que não exerce as funções de "professor" e que *o diálogo* é condição essencial de sua tarefa, "a de coordenar, jamais influir ou impor".

O respeito à liberdade dos educandos — que nunca são chamados de analfabetos, mas de *alfabetizandos* — é anterior mesmo à organização dos círculos. Já no levantamento do vocabulário popular, isto é, nas preliminares do curso, busca-se um máximo de interferência do povo na estrutura do programa. Ao educador cabe apenas registrar fielmente este vocabulário e selecionar algumas palavras básicas em termos de sua frequência, relevância como significação vivida e tipo de complexidade fonêmica que apresentam. Estas palavras, de uso comum na linguagem do povo e carregadas de experiência vivida, são decisivas, pois a partir delas o alfabetizando irá descobrir as sílabas, as letras e as dificuldades silábicas específicas de seu idioma, além de que servirão de material inicial para descoberta de novas palavras. São as *palavras geradoras*, a partir de cuja discussão o alfabetismo irá tomando posse de seu idioma. Falamos de *discussão*, e este é um ponto capital para o aprendizado, pois segundo esta pedagogia a palavra jamais pode ser vista como um "dado" (ou como uma doação do educador ao educando), mas é sempre, e essencialmente, um tema de debate para todos os participantes do círculo de cultura. As palavras não existem independentemente de sua significação real, de sua referência às *situações*. A palavra "favela", por exemplo (uma das dezessete palavras de um dos cursos realizados no Brasil), aparece projetada sobre a representação da situação a que se refere e interessa menos como possibilidade de uma decomposição analítica das sílabas e letras do que como um modo de expressão de uma situação real, de uma "situação desafiadora", como diz Paulo Freire.

Eis aí um princípio essencial: a alfabetização e a conscientização jamais se separam. Princípio que, de nenhum modo, necessita limitar-se à alfabetização, pois tem vigência para todo e qualquer tipo de aprendizado. A alfabetização merece destaque por ser o campo inicial do trabalho do autor, onde se encontra a maior parte das experiências, além de que é um tema da maior relevância social e política no Brasil, como em muitos outros países do Terceiro Mundo. O aprendizado das técnicas de ler e escrever ou o das técnicas de manejar o arado ou usar fertilizantes (bem como o aprendizado das ideias de um programa de ação) — enfim, todo aprendizado deve encontrar-se intimamente associado à tomada de consciência da situação real vivida pelo educando.

Nosso objetivo aqui não é propriamente o de efetuar uma descrição minuciosa do método de ensino, mas chamar a atenção para alguns temas de significação sociológica e política. Neste sentido, bastará com as referências já feitas para nos darmos conta de que estamos perante uma pedagogia para homens livres. Mas é igualmente necessário assinalar que esta concepção essencialmente democrática de educação pouco tem a ver com o formalismo liberal. As fontes do pensamento de Paulo Freire — e sobretudo sua prática — nos dizem de uma visão totalmente distinta das concepções abstratas do liberalismo. Sua filiação existencial cristã é explícita: "[...] existir é um conceito dinâmico. Implica uma dialogação eterna do homem com o homem. Do homem com seu Criador. É essa dialogação do homem sobre o seu contorno e até sobre os desafios e problemas que o faz histórico." Nesta perspectiva existencial que se abre à história se descarta, desde o início, uma possível noção formal da liberdade. A liberdade é concebida como o modo de ser o destino do homem, mas por isso mesmo só pode ter sentido na história que os homens vivem.

O tema da educação como afirmação da liberdade tem antigas ressonâncias, anteriores mesmo ao pensamento liberal. Persiste desde os gregos como uma das ideias mais caras ao humanismo ocidental e encontra-se amplamente incorporado a várias correntes da pedagogia moderna. Não obstante, este ensaio guarda sua singularidade. Aqui a ideia da liberdade não aparece apenas como conceito ou como aspiração humana, mas também interessa, e fundamentalmente, em seu modo de instauração histórica. Paulo Freire diz com clareza: *educação como prática da liberdade*. Trata-se, como veremos, menos de um axioma pedagógico que de um desafio da história presente. Quando alguém diz que a educação é afirmação da liberdade e toma as palavras a sério — isto é, quando as toma por sua significação real —, se obriga, neste mesmo momento, a reconhecer o fato da opressão, do mesmo modo que a luta pela libertação.

Assim, se podemos encontrar nesta pedagogia ressonâncias de um antigo princípio humanista será igualmente necessário buscar as circunstâncias concretas que lhe atribuem sentido. No método de ensino seria possível, por exemplo, encontrar algo da maiêutica socrática, pois como em Sócrates a conquista do saber se realiza através do exercício livre das consciências. Contudo, será preciso reconhecer que a maiêutica tem aqui uma significação particular. Os participantes do diálogo no círculo de cultura não são uma minoria de aristocratas dedicada à especulação, mas homens do povo. Homens para os quais as palavras têm vida porque dizem respeito ao seu trabalho, à sua dor, à sua fome. Daí que esta maiêutica para as massas comprometa desde o início o educando, e também o educador, como homens concretos, e que não possa limitar-se jamais ao estrito aprendizado de técnicas ou de noções abstratas.

O ponto de partida para o trabalho no círculo de cultura está em assumir a liberdade e a crítica como o modo de ser do homem. E o aprendizado (extremamente rápido, pois não são necessários mais de trinta dias para alfabetizar um adulto segundo a experiência brasileira) só pode efetivar-se no contexto livre e crítico das relações que se estabelecem entre os educandos e entre estes e o coordenador. O círculo se constitui assim em um grupo de trabalho e de debate. Seu interesse central é o debate da linguagem no contexto de uma prática social livre e crítica. Liberdade e crítica que não podem se limitar às relações internas do grupo, mas que necessariamente se apresentam na tomada de consciência que este realiza de sua situação social.

Deste modo, cabe ao coordenador apresentar, antes de dar início à alfabetização, algumas imagens (sem palavras) que propiciem o debate sobre as noções de *cultura* e de *trabalho*. Mas deve-se observar que também nesta etapa introdutória, a meta a atingir não é propriamente a elucidação de conceitos, objetivo teórico que não teria qualquer sentido para os participantes do círculo. Não se pretende apenas definir alguns atributos do homem em geral. O que fundamentalmente importa é que estes homens particulares e concretos reconheçam a si próprios, no transcurso da discussão, como criadores de cultura. Por isso as imagens devem poder expressar algo deles próprios, seguindo, tanto quanto possível, suas próprias formas de expressão plástica. Este debate, prévio à alfabetização, abre os trabalhos do círculo de cultura e é também o início da conscientização. Seria, porém, um equívoco imaginar que a conscientização não passaria de uma "preliminar" do aprendizado. Não se trata propriamente de que a alfabetização suceda à conscientização ou de que esta se apresente como condição daquela. Segundo esta pedagogia, o aprendizado já é um modo de tomar consciência do real, e como tal só pode darse dentro desta tomada de consciência. Daí que, na etapa seguinte do curso, o coordenador continue a projetar imagens às quais se acrescentam as palavras geradoras, sempre como referências às situações reais.

Uma pedagogia que estrutura seu círculo de cultura como lugar de uma prática livre e crítica não pode ser vista como uma idealização a mais da liberdade. As dimensões do sentido e da prática humana encontram-se solidárias em seus fundamentos. E assim a visão educacional não pode deixar de ser ao mesmo tempo uma crítica da opressão real em que vivem os homens e uma expressão de sua luta por libertar-se. De modo que não se surpreenda o leitor se não puder distinguir claramente neste livro entre a teoria e a pregação, entre a análise das condições históricas vigentes na sociedade brasileira e a crítica. Tal distinção não é sempre fácil e pode duvidar-se de que, em algum momento, seja correta. Teoria e denúncia se fecundam mutuamente do mesmo modo que, nos círculos de cultura, o aprendizado ou a discussão das noções de "trabalho" e "cultura" jamais se separa de uma tomada de consciência, pois se realiza no próprio processo desta tomada de consciência. E esta conscientização muitas vezes significa o começo da busca de uma posição de luta.

A compreensão desta pedagogia em sua dimensão prática, política ou social requer, portanto, clareza quanto a este aspecto fundamental: a ideia da liberdade só adquire plena significação quando comunga com a luta concreta dos homens por libertar-se. Isso significa que os milhões de oprimidos do Brasil — semelhantes, em muitos aspectos, a todos os dominados do Terceiro Mundo — poderão encontrar nesta concepção educacional uma substancial ajuda ou talvez mesmo um ponto de partida. Deste modo, parece-nos conveniente apresentar algumas observações sobre a experiência do movimento brasileiro de educação popular. O golpe de Estado teve entre seus resultados (e também entre seus objetivos) a desestruturação deste que foi o maior esforço de democratização da cultura já realizado no Brasil. Não obstante, a experiência foi plenamente vitoriosa como um teste: dezenas de milhares de trabalhadores alfabetizados em alguns poucos meses e a preparação de alguns milhares de jovens e estudantes para as tarefas de coordenação. Ficou a semente. Ademais, a experiência teve êxito porque —

apesar de sua especificidade nacional e de sua conexão com uma etapa determinada da história brasileira — pode hoje começar a ser estudada em sua significação mais ampla, que transcende os marcos deste período e as próprias fronteiras do país.

O movimento de educação foi uma das várias formas de mobilização adotadas no Brasil. Desde a crescente participação popular através do voto, geralmente manipulada pelos líderes populistas, até o Movimento de Cultura Popular, organizado pela União Nacional dos Estudantes, registram-se vários mecanismos políticos, sociais ou culturais de mobilização e conscientização das massas. Neste sentido caberia mencionar o esforço realizado na linha de uma ampliação das sindicalizações rural e urbana, iniciado quando Almino Afonso se encontrava como Ministro do Trabalho e continuado na gestão seguinte. Durante doze meses foram criados cerca de 1.300 sindicatos rurais. Pode-se tomar como um índice da significação deste trabalho as grandes greves de trabalhadores rurais de Pernambuco no ano de 1963, a primeira com 85 mil grevistas e a segunda com 230 mil. Por outro lado, a SUPRA (Superintendência da Reforma Agrária), não obstante seu curto período de atividades, pôde dar início a um trabalho de chamamento das classes populares do campo à defesa dos seus interesses, com importante repercussão política. Este esforço de mobilização, realizado particularmente no último período do governo Goulart, apenas começava a pôr alguns setores radicais da classe média em contato real com o povo, apenas começava a sugerir a necessidade da organização de massas para a ação, quando ocorreu a queda do regime populista que o havia possibilitado. Ficou na etapa da difusão dos princípios e não pôde passar a diretivas práticas de alcance político geral. Reduziu-se à criação de uma "atmosfera ideológica" e não teve condições de criar uma verdadeira ideologia de ação popular. Foi bastante para atemorizar a direita e sugerir-lhe a necessidade do golpe, mas foi insuficiente para quebrar-lhe o poder. Em realidade, toda esta mobilização, que expressa a crescente pressão das massas sobre as estruturas do Estado, tinha, não obstante sua indiscutível relevância política, uma debilidade congênita: encontrava-se direta ou indiretamente comprometida com o governo e, através dele, com as instituições vigentes que a própria pressão popular ameaçava. Este equívoco histórico, uma das características mais importantes de todo este período, não pode deixar de ser assinalado quando buscamos compreender o sentido do movimento educacional brasileiro.

Os vínculos do trabalho de Paulo Freire com a ascensão popular são bastante claros. Seu movimento começou em 1962 no Nordeste — a região mais pobre do Brasil: cerca de 15 milhões de analfabetos para uma população de 25 milhões de habitantes. Nesta etapa inicial, a "aliança para o progresso", que fazia da miséria nordestina seu *leitmotiv* no Brasil, interessou-se pela experiência (que abandonou, mal se concluía) realizada na cidade de Angicos, Rio Grande do Norte. Os resultados obtidos, trezentos trabalhadores alfabetizados em cerca de 45 dias, impressionaram profundamente a opinião pública, e a aplicação do sistema pôde estender-se, já agora sob o patrocínio do governo federal, a todo o território nacional. Assim, entre junho de 1963 e março de 1964, desenvolveram-se cursos de capacitação de coordenadores em quase todas as capitais dos estados (somente no Estado da Guanabara inscreveram-se quase 06 mil pessoas; houve também cursos nos estados do Rio Grande do Norte, São Paulo, Bahia, Sergipe e Rio Grande do Sul, atingindo vários milhares de pessoas). O plano de 1964 previa a instalação de 20 mil círculos que já se encontravam capacitados para atender, durante este ano, aproximadamente 02 milhões de alfabetizados (trinta por círculo, com duração de três meses cada curso). Tinha início assim uma campanha de alfabetização em escala nacional que envolvia, nas primeiras etapas, os setores urbanos e deveria estender-se imediatamente depois aos setores rurais.

Nestes últimos anos, o fantasma do comunismo, que as classes dominantes agitam contra qualquer governo democrático da América Latina, teria alcançado feições reais aos olhos dos reacionários na presença política das classes populares. O movimento de educação popular, solidário à ascensão democrática das massas, não poderia deixar de ser atingido. Desde antes do golpe de Estado seu trabalho se constituía num dos alvos preferidos dos grupos de direita. Todos sabiam da formação católica de seu inspirador e de seu objetivo básico: efetivar uma aspiração nacional apregoada, desde 1920, por todos os grupos políticos, a alfabetização do povo brasileiro e a ampliação democrática da participação popular. Não obstante, os reacionários não podiam compreender que um educador católico se fizesse expressão dos oprimidos e menos ainda podiam compreender que a cultura levada ao povo pudesse conduzir à dúvida sobre a legitimidade de seus privilégios. Preferiram acusar Paulo Freire por ideias que não professa a atacar esse movimento de democratização cultural, pois percebiam nele o gérmen da revolta.Mas se uma pedagogia da liberdade traz o gérmen da revolta, nem por isso seria correto afirmar que esta se encontre, como tal, entre os objetivos do educador. Se ocorre é apenas e exclusivamente porque a conscientização divisa uma situação real em que os dados mais frequentes são a luta e a violência. Conscientizar não significa, de nenhum modo, ideologizar ou propor palavras de ordem. Se a conscientização abre caminho à expressão das insatisfações sociais é porque estas são componentes reais de uma situação de opressão; se muitos dos trabalhadores recém-alfabetizados aderiram ao movimento de organização dos sindicatos é porque eles próprios perceberam um caminho legítimo para a defesa de seus interesses e de seus companheiros de trabalho; finalmente, se a conscientização das classes populares significa radicalização política é simplesmente porque as classes populares são radicais, ainda mesmo quando não o saibam. Os grupos reacionários confundiram a educação e a política de modo sistemático em suas acusações. Isso era esperado. A conscientização das massas, ainda quando não pudesse definir por si própria uma política popular autônoma, aparecia-lhes com todos os sinais de uma perigosa estratégia de subversão. O que em realidade poderia causar espanto era constatar a incapacidade das forças interessadas na mobilização popular em perceber e tirar todas as consequências das implicações da conscientização para a ação.

A grande preocupação de Paulo Freire é a mesma de toda a pedagogia moderna: "Uma educação para a decisão, para a responsabilidade social e política." Nas linhas de sua filosofia existencial sua única exigência específica, e esta exigência define claramente os termos do problema, é que "teria o homem brasileiro de ganhar esta responsabilidade social e política, existindo essa responsabilidade". O saber democrático jamais se incorpora autoritariamente, pois só tem sentido como conquista comum do trabalho do educador e do educando. Não é possível, diz Paulo Freire, "dar aulas de democracia e, ao mesmo tempo, considerarmos como 'absurda e imoral' a participação do povo no poder". A democracia é, como o saber, uma conquista de todos. Toda a separação entre os que sabem e os que não sabem, do mesmo modo que a separação entre as elites e o povo, é apenas fruto de circunstâncias históricas que podem e devem ser transformadas. Assim como não é legítimo tomar a palavra geradora como um dado ou uma doação do educador, não é também lícito pretender apresentar a forma atual de democracia como se fora uma dádiva das elites, como se fora a única democracia possível e à qual o povo teria de acomodar-se. O estado e as palavras são igualmente expressões da prática dos homens, e conscientizar é assumir a consciência deste fato.

No Brasil, como em vários países da América Latina, as antigas elites — formadas por oligarcas com influências liberais — acostumaram-se a ver na educação "a alavanca do progresso". Assim, tomaram o tema do analfabetismo e despejaram rios de retórica. Diziam que o país jamais poderia encontrar seu caminho e a democracia jamais poderia ser uma realidade enquanto tivéssemos uma tão alta proporção de analfabetos. A "ignorância" e o "atraso" eram duas faces da mesma moeda. Palavras, muitas palavras — e por certo alguma verdade —, mas nenhuma ação. Depois da crise do regime oligárquico em 1930, seus herdeiros, políticos de classe média muitas vezes, seguiram com a mesma temática e com a mesma inação. Depois de 1945, os grupos de direita voltaram ao assunto, mas agora para justificar a tradicional exclusão dos analfabetos do processo eleitoral e para atacar os populistas afoitos que algumas vezes pressionavam para atenuar o rigor das seções de registro eleitoral e ampliar a massa de votantes.

Que resultou de todo este debate de décadas sobre o analfabetismo? Pouco mais do que uma explicação conservadora para a marginalização social e política da grande maioria da população. Os "ignorantes" não têm condições de participar livre e criticamente da democracia, não podem votar nem ser votados para os cargos públicos. Deu-se então a inversão dos argumentos. Há, sem dúvida, uma alta correlação — particularmente no campo — entre estagnação econômica e social e analfabetismo, mas os homens das elites, responsáveis diretos pela estagnação e pela falta de escolas, traduzem esta correlação numa linguagem equívoca e falsa. Criam uma imagem preconceituosa sobre os trabalhadores do campo e sobre todos os demais setores marginalizados, do processo político. Passam a associar com muita facilidade a "ignorância", isto é, a ausência de cultura formal no estilo das classes médias e dos oligarcas, à "indolência" e à "inércia". Adotam uma atitude paternalista — mais verbal que efetiva — em relação às massas marginalizadas, e completa-se a mistificação. Os grupos das elites, agarrados aos privilégios, não se contentam com a ideia, que eles próprios nunca tomaram a sério, de que a educação é "a alavanca do progresso". Em realidade, se comportam como se por esta mesma razão os frutos do progresso devessem ficar para os "cultos". Eis a lógica do filisteísmo liberal-oligárquico. Democracia, sim, mas para os privilegiados, pois os dominados não têm condições de participar democraticamente.

O Brasil de 1960 é, sem dúvida, muito diferente do Brasil de 1920, mas muito desta ideologia tradicional permanece. Hoje não é por certo legítimo falar da oligarquia nos mesmos termos daquela época em que começaram as agitações e insurreições que abriram caminho à Revolução de 1930. Esses movimentos de classe média, associados aos setores descontentes da própria oligarquia, assinalaram a abertura de um longo processo de transformações que abalou, em conjunto, as estruturas do Estado e da economia. De um ponto de vista histórico-estrutural, poderia dizer-se que aí começou a crise da decadência — que é também uma crise de reestruturação — de uma sociedade capitalista dependente dedicada à produção agrícola para a exportação, que não pôde suportar o *crack* de 1929 e a redefinição das condições do mercado internacional que se processou durante a prolongada depressão dos anos 1930. Este processo de transformação estrutural, que se estende até os nossos dias, já é conhecido em suas linhas gerais: intensifica-se a urbanização e a industrialização, avolumam-se as migrações para as grandes cidades, faz-se cada vez mais manifesta a decadência da economia agrária, aparecem na política as classes populares urbanas, redefinem-se as alianças de classes no nível do, Estado, conduzindo à crise das elites.

São transformações relevantes, por certo, mas convém não superestimar sua significação real. Diz muito sobre seu alcance esta divisa de um dos setores oligárquicos que participam do movimento de 1930, divisa expressiva e esclarecedora sobre o comportamento das elites: "Façamos a revolução antes que o povo a faça." O regime oligárquico se desestrutura a partir de 1930, mas isso não quer dizer, de modo algum, que a oligarquia tenha perdido completamente o controle do *status quo*. A economia continua baseada, em larga medida, na grande propriedade da terra e nos produtos de exportação, e o poder local e regional dos grandes latifundiários é ainda hoje uma das bases decisivas de sustentação do poder nacional. Assiste-se à emergência política das classes populares urbanas, mas as rurais permanecem "fora da história". Acelera-se a urbanização e a industrialização, mas, até 1950, perto de metade da população vivia no campo, e a industrialização jamais pôde sair de uma condição complementar em relação à produção agrária para a exportação. A nova burguesia industrial cresce em importância, mas não conseguiu afirmar-se com autonomia perante o capital agrário e bancário e, posteriormente, perante o capital estrangeiro. A emergência das classes populares, associada à crise das elites, conduz à redefinição do esquema de poder, que agora tem de resultar de um compromisso com as massas. Mas estas não conseguiram jamais impor a hegemonia e tiveram que subordinar-se aos grupos burgueses emergentes interessados, em seu próprio proveito, na ampliação da participação política.

Ficam aí rapidamente esboçadas algumas linhas estruturais desta etapa histórica que se constituiu no principal campo da reflexão e da prática pedagógicas de Paulo Freire. Mas convém distinguir com clareza a imagem que o próprio autor constrói desta fase. Coerente com sua visão do homem e da história, ele busca compreender este processo de transformação pondo a ênfase menos nas características estruturais do que na "crise de valores". Não obstante as estruturas se encontrem presentes em sua análise, são os estados da *consciência* a área privilegiada de sua reflexão. E ainda uma vez se observa, já agora na visão sociológica e histórica implícita em sua concepção educacional, uma solidariedade fundamental entre a teoria e a prática. Sua visão sociológica, centrada sobre o mundo da consciência, se constitui a partir de uma preocupação fundamentalmente educativa. Por isso convém não levar muito a sério as acusações dos reacionários que confundem sua concepção educacional com qualquer concepção política determinada. Este educador sabe que sua tarefa contém implicações políticas, e sabe ademais que estas implicações interessam ao povo e não às elites. Mas sabe também que seu campo é a pedagogia e não a política, e que não pode, como educador, substituir o político revolucionário interessado no conhecimento e na transformação das estruturas. Se recusa a ideia tradicional da educação como "a alavanca do progresso", teria sentido contrapor-lhe a tese, igualmente ingênua, da educação como "a alavanca da revolução"? Uma pedagogia da liberdade pode ajudar uma política popular, pois a conscientização significa uma abertura à compreensão das estruturas sociais como modos da dominação e da violência. Mas cabe aos políticos, não ao educador, a tarefa de orientar esta tomada de consciência numa direção especificamente política.

Seguindo as linhas de uma sociologia da compreensão, Paulo Freire vê nestas últimas décadas da história brasileira um período de *trânsito*, isto é, de crise dos valores e temas tradicionais e de constituição de novas orientações. Até então tiveram vigência os valores de uma sociedade-objeto, reflexa, o povo imerso e distanciado das elites; formação social onde se configurava uma restrição de base ao diálogo, à livre comunicação entre os homens. O trânsito é o tempo de crise desta sociedade "fechada", um tempo de opções e de luta entre os velhos e os novos temas históricos, quando se anunciam tendências à democracia. Dizemos que se anunciam tendências à democracia, e não que esta se apresente como algo inevitável, pois a democracia, como a liberdade, é um dos temas históricos em debate, e sua efetivação vai depender das opções concretas que os homens realizem.

Nada mais estranho a esta visão impregnada de historicidade que a ideia de *modernização*, vigente na sociologia de inspiração americana, isto é, de um *continuum* entre a "sociedade fechada" e a "sociedade aberta", entre a "sociedade tradicional" e a "sociedade moderna". Paulo Freire compreende claramente que há uma funda ruptura entre o passado e o futuro, ambos presentes e conflitantes nesta etapa de transição. Do mesmo modo que é alheia a esta concepção a ideia, muito frequente em certas derivações mecanicistas do marxismo, de uma mudança de estruturas que transcorre de modo inapelável. O autor registra as mudanças estruturais e sabe que, na medida em que contribuem para abrir uma fissura no "antigo regime", tornam possível a democracia; mas sabe também que seria mera ingenuidade crer que estas mudanças conduzem necessariamente à sociedade democrática.

A democratização é uma tendência real durante o período de trânsito, mas terão sido apenas ilusórias as tendências de instauração de uma ordem antidemocrática? A democracia e a liberdade encontram-se esboçadas nesta etapa de transição como possibilidades históricas. Elas não se efetivam sem luta.

O característico deste período é que a consciência popular se faz *transitiva*, permeabiliza-se aos desafios apresentados por sua história. Se até 1930 seria possível afirmar, embora sem rigor, que as classes populares se encontravam "fora da história", esta imagem imprecisa se torna rigorosamente falsa quando se abre a crise da antiga ordem. A "consciência transitiva" significa, segundo este ensaio, o reconhecimento da consciência histórica. As massas estão dentro do jogo, agora não mais exclusivo das elites, e os temas em luta não lhes são estranhos. Pelo contrário, vários desses temas — o poder, a democracia, a liberdade etc. — aparecem no cenário político assinalados por ideologias que buscam interpretar o sentimento popular. As classes populares se encontram presentes, ainda que algumas vezes em forma aparentemente passiva, e a pressão que exercem se configura como uma força real no sentido da afirmação da liberdade.

Do ponto de vista das elites, a questão se apresenta de modo claro: trata-se de acomodar as classes populares emergentes, domesticá-las em algum esquema de poder ao gosto das classes dominantes. Se já não é possível aquela mesma docilidade tradicional, se já não é possível contar com sua ausência, torna-se indispensável manipulá-las de modo que sirvam aos interesses dominantes e não passem dos limites. Até abril de 1964 vários desses grupos se comportaram como se pudessem conseguir dos homens a renúncia à liberdade; quando a pressão social se tornou intolerável, simplesmente suprimiram o regime que a permitia. Estes últimos anos da história brasileira nos fazem crer que o ponto de vista das elites não é totalmente desprovido de realismo. Se é verdade que com a crise da ordem tradicional a consciência popular consegue transitivar-se, isto de modo algum quer significar, segundo o autor deste livro, que possa alcançar de imediato, sem trabalho e esforço, o estado de *transitividade crítica*. E a consciência transitiva ingênua, esta condição de disponibilidade sem objetivos autônomos claros, é, em verdade, a matéria-prima da manipulação elitária.

Nesta fase, marcada pela crise de conjunto de uma formação social, o movimento de conscientização aparece como uma resposta, no plano educacional, à necessidade de uma autêntica mobilização democrática do povo brasileiro. Esta mobilização através da alfabetização não se propõe objetivos políticos determinados, mas sem nenhuma dúvida resulta em uma crítica prática da tradicional situação de marginalidade em que se encontram as massas. Os homens do povo que tomaram parte nos círculos de cultura fazem-se cidadãos politicamente ativos ou, pelo menos, politicamente disponíveis para a participação democrática. Esta atualização política da cidadania social e econômica real desses homens excluídos pelas elites tradicionais contém implicações de amplo alcance. E as elites foram as primeiras a percebê-las.

Não obstante o movimento de educação popular não tenha conseguido, devido ao golpe de Estado, efetivar o conjunto de seu primeiro plano nacional, deu mostras bastante significativas de sua potencialidade. Os protestos de certos grupos oligárquicos, particularmente no Nordeste, assim como a observação de certos aspectos de processo político, deixam bastante claro que o desenvolvimento dos planos existentes teria resultado, quase de imediato, num forte golpe eleitoral contra as posições institucionais de alguns setores tradicionais. Estas posições de poder eram conquistadas e mantidas, entre outras razões, pelo fato da inexistência legal da cidadania política da maioria da população brasileira em idade adulta: em 1960, encontravam-se registrados 15,5 milhões de eleitores para uma população de 34,5 milhões com dezoito anos de idade ou mais. A exclusão dos analfabetos, isto é, da grande maioria das classes populares, significava que nesta democracia parcial e seletiva — de resto a mais ampla de nossa história — a composição social do eleitorado se encontrava distanciada da composição social real do povo. O critério segundo o qual só os alfabetizados podem votar é muito semelhante, em certo sentido, aos critérios censitários vigentes na Europa do século XIX.

Os grupos de direita nunca fizeram segredo de sua má vontade em relação a qualquer tentativa de ampliação do eleitorado. O alistamento *ex-officio,* realizado por Getúlio Vargas, segundo o qual se considerava automaticamente eleitores todos os inscritos nos Institutos de Previdência, recebeu as críticas mais severas dos setores reacionários. Agarrados às posições institucionais em que defendiam seus privilégios, esses homens sempre demonstraram possuir uma aguda sensibilidade para o significado da emergência política das massas. Sabiam perfeitamente bem que a força política crescente dos grupos políticos populares e dos líderes populistas se encontrava intimamente associada à democratização do regime. Se já não podiam restabelecer a "república oligárquica" anterior a 1930, era-lhes de todos os modos indispensável frear este processo de expansão da participação popular, limitá-lo por todas as formas e argumentos imagináveis. Daí sua manifesta oposição ao projeto de extensão do direito de voto aos analfabetos. Se a participação das massas alfabetizadas já alterava substancialmente o quadro das relações de poder, o que ocorreria se fosse permitida a participação do conjunto das classes populares? Para os grupos da direita, isso parecia significar o fim da democracia. Em verdade, poderia significar o começo de uma verdadeira democracia para o povo e o fim da história política de muitos dos setores privilegiados.

A relevância política da exclusão dos analfabetos é particularmente sensível naqueles estados mais pobres do país, onde as classes populares se encontram em níveis de vida que mal atingem o limite da mera subsistência. As eleições de 1962, que deram a vitória a Miguel Arraes como candidato ao governo do estado de Pernambuco, constituem um claro exemplo. Arraes, um dos líderes populares mais importantes do país nestes últimos anos, venceu na capital do estado, Recife, apoiado pelas massas urbanas, e foi derrotado no interior, cujo eleitorado se encontrava sob controle oligárquico. Em face da exclusão da maioria da massa rural, a parcela mais significativa dos votos do interior vem, sem dúvida, da pequena burguesia urbana das pequenas cidades, onde o poder do latifundiário é decisivo, e dos setores que se assimilam à condição de dependentes pessoais ou de agregados das grandes famílias. Daí que um líder popular agrário de prestígio nacional, como Francisco Julião, criador das Ligas Camponesas, fosse eleitoralmente fraco. Daí as quase inevitáveis composições com os latifundiários a que se viam obrigados os líderes populistas que eventualmente conquistaram as funções de governador naqueles estados.

O movimento de educação popular era um dos germens de uma ameaça real a esta situação. O plano de 1964 permitiria fazer crescer o eleitorado em várias regiões, fato que poderia se transformar num risco excessivo para os grupos tradicionais. No estado de Sergipe, por exemplo, o plano permitiria acrescentar 80 mil eleitores aos 90 mil já existentes; em Pernambuco, a massa votante cresceria de 800 mil para 1 milhão e 300 mil. E assim em vários outros estados do país.

Mas se é possível indicar com certa facilidade algumas das razões que explicam o temor dos setores reacionários perante esta mobilização popular, já é um problema mais difícil de analisar este de saber qual a atitude real dos setores populistas. Estes grupos, que se constituíam na principal base de sustentação do regime durante o governo Goulart, sempre manifestaram um interesse inequívoco pela ampliação do corpo eleitoral. Não obstante, parece lícito admitir, apesar do sincero interesse de alguns setores do regime numa autêntica mobilização democrática, que a tônica do empenho governamental era, em realidade, a manipulação, a esperança de fazer crescer "as massas de manobra" nas quais o poder federal em ampla medida se apoiava. Que outra coisa se poderia esperar da formação populista — e populismo também quer dizer autoritarismo e manipulação — da maioria dos políticos deste período? Como se sabe, os populistas, apesar de suas vinculações com as massas, não podiam deixar de ser também membros da elite, intermediários entre as classes dominantes e as classes populares.

A indagação sobre o interesse efetivo do populismo numa mobilização autenticamente democrática, como foi o movimento de educação popular, é mais complicada do que poderia parecer a um primeiro exame. Em todo este período histórico, no qual a ascensão popular não apenas se realiza por via institucional, como é frequentemente estimulada através do Estado, a ambiguidade do regime populista entre a mobilização democrática e a manipulação aparece como uma característica central. Com a crise do regime oligárquico em 1930, parece que se deram as condições para uma espécie de "pacto" entre alguns dos setores da elite e as massas urbanas, cuja participação ter-se-ia tornado cada vez mais importante para a redefinição de um equilíbrio de forças entre os grupos dominantes. Tendo sido afastada do poder a oligarquia cafeeira, principal suporte do antigo regime oligárquico, surge uma composição entre alguns dos setores tradicionais do Sul e do Nordeste e setores das classes médias em ascenso político desde a década de 1920. Entretanto, esta aliança entre alguns dos grupos dominantes, que posteriormente se abre também aos interesses industriais, nunca pôde recusar-se ao fato da ponderação decisiva dos interesses do café para o conjunto da economia brasileira, pois todos os setores participantes desta composição eram relativamente marginais do ponto de vista econômico. Nestas condições, esta reestruturação do poder, inicialmente restrita aos grupos dominantes, se obrigou, no transcurso do processo histórico, a fazer-se permeável à pressão dos setores populares urbanos. E as massas ganham tal relevância que talvez se possa mesmo afirmar, particularmente depois de 1945, que aparecem como a principal fonte de *legitimidade* do regime.

Este compromisso político, do qual apresentamos somente o esquema mais geral, reúne forças sociais com interesses divergentes e, às vezes, antagônicos. Do ponto de vista que nos interessa neste trabalho, seria suficiente registrar apenas um de seus paradoxos: um amplo setor das classes dominadas urbanas aparece na cena política como se legitimasse o Estado burguês. Este paradoxo, que nos revela uma das dimensões da ambiguidade populista, corresponde a alguns aspectos importantes do processo político brasileiro. Cabe observar, porém, que ele não nos diz toda a verdade ao sugerir uma quase absoluta capacidade de manipulação por parte do populismo. É um equívoco supor as massas de tal modo desvinculadas de seus interesses reais que pudessem, exclusivamente, como "massas de manobra", oferecer um suporte de legitimidade ao regime que as mantinha dominadas. Isso significaria propor o impossível: os dominados estariam legitimando a opressão. Em realidade, o que parece ter havido de fundamental seria antes algo parecido a uma *aliança* tácita entre *classes* (ou melhor, uma aliança entre alguns *grupos* de diferentes classes), da qual o populismo teria sido a expressão mais completa. Em outros termos, com a manipulação de uma parte das massas abria-se entrada, em alguma medida, à manifestação de seus interesses sociais reais. E as vantagens do "pacto" tendiam a repartir-se entre as classes dominantes e *um setor* das classes dominadas, não obstante aqueles, evidentemente, se reservarem as maiores vantagens. Daí que a manipulação exercida pelos grupos dominantes tenha tido sua contrapartida na pressão de que foram capazes as classes populares urbanas, não obstante manipuladas.

A manipulação populista não poderia deixar de trazer consigo algum grau efetivamente real de uma autêntica mobilização democrática que se expressa, entre outros resultados, no relativo deslocamento dos interesses oligárquicos e na preservação do nível de vida das massas urbanas. E pareceria estar aí a raiz da ambiguidade característica do comportamento populista: intermediários entre as elites e as massas, oscilam sempre entre a manipulação e a mobilização democrática, entre a defesa das reivindicações populares e a manutenção de um *status quo* em que é decisiva a ponderação dos interesses dominantes.

Esta indagação sobre o sentido da manipulação tem também o seu reverso. E aqui esboçamos um tema que diz respeito mais de perto à compreensão deste livro e do movimento de educação popular. Pode-se compreender que os populistas promovam ou permitam alguma mobilização efetivamente democrática em seu afã de manipular novas massas. Mas se podemos admitir que eles são políticos eficientes, caberia indagar se a experiência brasileira de mobilização educacional, realizada por vias institucionais, não conduziria paradoxalmente a resultados contrários dos que pretende. Ao promover a mobilização através do Estado, o educador não estaria comprometendo, através dos resultados políticos de sua ação, seu próprio projeto de criticização da consciência popular?

Todos sabemos o que pretendem os populistas, no Brasil como em qualquer país da América Latina, com a mobilização das massas: cada homem, um voto. E aí está todo o problema, pois do ponto de vista desta pedagogia da liberdade, preparar a democracia não pode significar apenas preparar para a conversão do analfabeto em eleitor, isto é, para uma opção limitada pelas alternativas estabelecidas por um esquema de poder preexistente. Se esta educação só é possível enquanto compromete o educando como homem concreto, ao mesmo tempo o prepara para a crítica das alternativas apresentadas pelas elites e dá-lhe a possibilidade de escolher seu próprio caminho. E aqui nos referimos não apenas à teoria, mas também à experiência com algumas centenas de milhares de trabalhadores brasileiros: uma parcela significativa desta massa se incorporou às atividades sindicais e às lutas concretas dos trabalhadores em defesa dos seus interesses.

Dissemos anteriormente que a prática se apresenta como uma das exigências fundamentais desta pedagogia. Paulo Freire se encontra hoje no exílio não apenas por suas ideias, mas principalmente porque empenhou-se em fazer de suas intenções de libertação do homem o sentido essencial de sua prática. Onde, portanto, o raciocínio formal poderia sugerir a existência de uma possível incoerência nós encontramos, pelo contrário, uma fundamental coerência entre os princípios e a ação do educador. Sua concepção educacional se propõe ser uma abertura à história concreta e não uma simples idealização da liberdade; daí se afigurar indiscutível a necessidade do aproveitamento de todas as possibilidades institucionais existentes de mobilização. Toda prática implica algum perigo de transfiguração de suas intenções originais, perigo que, no caso da situação brasileira, se esboçava na ambiguidade do movimento popular entre a mobilização e a manipulação. Mas se há riscos em toda inserção prática na história, qual a alternativa além do intelectualismo e da omissão?

Mas este é apenas um dos aspectos do problema. Na realidade do movimento de educação popular, cabe observar que os alfabetizados nos círculos de cultura são também mais exigentes em relação às lideranças populistas, tendem a ver mais clara a distância entre suas promessas às massas e suas realizações efetivas. Se apesar disso continuam sendo manipulados é porque, objetivamente, não encontram alternativas políticas práticas distintas. Em outras palavras, haveria que complementar o trabalho do educador com um trabalho propriamente político de organização de massa, e esta parte não foi cumprida a sério por ninguém, nem mesmo pelas organizações de esquerda. Não obstante, não há dúvidas sobre um fato: o movimento de educação popular serviu em conjunto muito mais à mobilização que à manipulação, que sempre criticou de maneira bastante clara.

Os políticos populistas nem sempre compreenderam claramente a mobilização que eles próprios estimulavam. No caso do movimento de educação popular, nunca puderam compreender plenamente as relações entre alfabetização e conscientização. Preocupados apenas com um dos resultados, o aumento do eleitorado, seu apoio efetivo a esta forma de mobilização sempre foi muito precário do ponto de vista político. Em verdade, eles raciocinaram de modo muito simplista perante o problema: se um educador de renome oferece uma perspectiva que permite em curto prazo alfabetizar o conjunto do povo brasileiro, ideal acalentado por todos os governos desde há muitas décadas, por que deixar de dar-lhe o apoio do Estado? Assim, jamais puderam entender toda a celeuma criada pelos grupos de direita em torno da pedagogia de Paulo Freire. Os políticos percebiam o movimento de educação popular, como todas as demais formas de mobilização de massas, de modo muito coerente com seu estilo de pensamento e de ação: cada homem, um voto. Habituados às lutas eleitorais, perderam-se na retórica e fizeram de um reformismo de fato uma revolução com palavras. Perderam assim o sentido real das palavras, pois atribuíram a uma luta dentro dos marcos institucionais uma significação que ia muito além de suas possibilidades reais de ação. Mas por isso mesmo foram capazes de estimular, por vários modos — e aí está o seu mérito —, uma mobilização de massas que ia além de suas possibilidades reais de manipular. Não puderam perceber que suas palavras vagas e abstratas tinham vida real para as massas e as estimulavam a esperar mais do que eles podiam dar.

Terá sido este o maior equívoco e, ao mesmo tempo, a maior virtude dos populistas. Na condição de intermediários entre as elites e as classes populares, necessitavam que a pressão popular crescesse para que eles próprios ganhassem importância dentro do jogo pelo poder. E pareceria mesmo que sua capacidade de manobra neste jogo seria maior se fizessem crer às elites que a pressão popular superava suas próprias intenções de reforma. Deem-nos as reformas ou a revolução será inevitável. Mas para que tal ocorresse necessitavam dar alguma abertura a uma autêntica mobilização popular, necessitavam abrir condições para alguma tomada de consciência por parte das classes populares. Como de outro modo justificar a função do intermediário? Talvez por isso é que esses políticos essencialmente pragmáticos, que sabem muito bem como ganhar uma eleição ou um debate parlamentar, tenham sido também paradoxalmente os mais importantes propagandistas dos ideais da Revolução Brasileira. Não se pode dizer que tenham sido os teóricos, porque sua visão da revolução jamais se explicitou em termos claros, mas de todos os modos serviram para criar uma atmosfera ideológica entre as massas.

Seu estilo de ação e de pensamento está claramente formulado por Fanon: princípios sem consigna.[1] E também sem organização, acrescentaríamos nós com vistas à experiência brasileira. O preço de tantos equívocos foi o golpe de Estado de abril de 1964, que se abateu sobre o governo populista como "um raio em céu azul". Os líderes não se deram conta de que estas massas das quais queriam apenas os votos nada poderiam oferecer-lhes como apoio em uma situação de violência. Em abril os grupos reacionários chamaram às armas e não às urnas.

Deste modo, a experiência brasileira nos sugere algumas lições bastante curiosas, às vezes até surpreendentes, em política e em educação popular. Foi-nos possível esboçar, através do trabalho de Paulo Freire, as bases de uma

[1] Expressão que se popularizou desta forma nos círculos de estudo. "Consigna", no caso, refere-se ao vocábulo francês *consigne*, que pode ser traduzido como "instrução", "ordem". [N.E.]

verdadeira pedagogia democrática. Foi-nos possível, além disso, começarmos, com o movimento de educação popular, uma prática educativa voltada, de um modo autêntico, para a libertação das classes populares. Não obstante, se podemos encontrar, no *nível da educação*, uma unidade real da teoria e da ação, ela não se dá no *nível da política*, terreno onde a ideologia serviu à criação de uma atmosfera de luta, mas não chegou a instaurar-se de maneira organizada na ação.

O educador, preocupado com o problema do analfabetismo, dirigiu-se sempre às massas que alguns supunham "fora da história". O educador, a serviço da libertação do homem, dirigiu-se sempre às massas mais oprimidas, acreditou em sua liberdade, em seu poder de criação e de crítica. Os políticos só se interessavam por estas massas na medida em que elas pudessem, de alguma forma, tornar-se manipuláveis dentro do jogo eleitoral. O educador estabeleceu, a partir de sua convivência com o povo, as bases de uma pedagogia em que *tanto o educador como o educando, homens igualmente livres e críticos, aprendem no trabalho comum de uma tomada de consciência da situação que vivem.* Uma pedagogia que elimina pela raiz as relações autoritárias, na qual não há "escola" nem "professor", mas *círculos de cultura* e um *coordenador* cuja tarefa essencial é o *diálogo.* Os políticos exerceram no essencial uma política autoritária de manipulação. O educador, cujo campo fundamental de reflexão é a consciência do mundo, criou, não obstante, uma pedagogia voltada para a prática histórica real. Os políticos, apesar de serem homens práticos por definição, reduziram-se muitas vezes às funções dos ideólogos, da difusão dos princípios, da propaganda.

Ao dirigir-se diretamente para a grande massa dos superexplorados e dos pauperizados, o pensamento e a prática educativos sugerem a necessidade da política. Mas já agora se trata de uma outra política, não mais da manipulação populista. Apesar de que ninguém possa aceitar a ideia ingênua da educação como "a alavanca da revolução", caberia considerar a possibilidade de que, neste caso, a educação se antecipa a uma verdadeira política popular e lhe sugere novos horizontes.

Francisco C. Weffort

Canção para os fonemas da alegria[2]

Peço licença para algumas coisas.
Primeiramente para desfraldar
este canto de amor publicamente.

Sucede que só sei dizer amor
quando reparto o ramo azul de estrelas
que em meu peito floresce de menino.

Peço licença para soletrar,
no alfabeto do sol pernambucano,
a palavra ti-jo-lo, por exemplo,

e poder ver que dentro dela vivem
paredes, aconchegos e janelas,
e descobrir que todos os fonemas

são mágicos sinais que vão se abrindo
constelação de girassóis gerando
em círculos de amor que de repente
estalam como flor no chão da casa.

---

[2] Thiago de Mello, *Faz escuro mas eu canto, porque a manhã vai chegar.* Rio de Janeiro: Civilização Brasileira, 1965.

Às vezes nem há casa: é só o chão.
Mas sobre o chão quem reina agora é um homem
diferente, que acaba de nascer:

porque unindo pedaços de palavras
aos poucos vai unindo argila e orvalho,
tristeza e pão, cambão e beija-flor,

e acaba por unir a própria vida
no seu peito partida e repartida
quando afinal descobre num clarão

que o mundo é seu também, que o seu trabalho
não é a pena que paga por ser homem,
mas um modo de amar — e de ajudar

o mundo a ser melhor. Peço licença
para avisar que, ao gosto de Jesus,
este homem renascido é um homem novo:

ele atravessa os campos espalhando
a boa-nova, e chama os companheiros
a pelejar no limpo, fronte a fronte,

contra o bicho de quatrocentos anos,
mas cujo fel espesso não resiste
a quarenta horas de total ternura.

Peço licença para terminar
soletrando a canção de rebeldia
que existe nos fonemas da alegria:

canção de amor geral que eu vi crescer
nos olhos do homem que aprendeu a ler.

Thiago de Mello
Santiago do Chile,
verão de 1964.

Educação como prática da liberdade

À memória de Joaquim Temístocles Freire,
meu pai.
A Edeltrudes Neves Freire,
minha mãe.

Com ambos aprendi, muito cedo, o diálogo.

À memória de Lutgardes Neves,
tio e amigo,
que me marcou profundamente.

A Elza, minha mulher,
a quem muito devo.

A Madalena,
Cristina,
Fátima,
Joaquim
e Lutgardes,
meus filhos, a quem muito quero.

Com eles, continuo o diálogo que aprendi com
meus pais.

Agradecimento

Todo o tempo que o autor estudou e realizou suas experiências relatadas neste ensaio foi um tempo de dívidas contraídas por ele a um sem-número de pessoas que não se sabiam, às vezes, credoras. Observações que quase sempre abriam ao autor novas perspectivas e o levavam a retificações. Observações nem sempre retiradas de livros nem apenas de conversas com especialistas entre os quais situa as equipes universitárias com quem trabalhou, mas também obtidas dos permanentes encontros com homens simples do povo. Com analfabetos com quem tanto aprendeu o autor. A todos eles, cuja relação nominal seria difícil fazer, expressa o autor, agora, seu reconhecimento.

Esclarecimento

Não há educação fora das sociedades humanas e não há homem no vazio. O esforço educativo que desenvolveu o autor e que pretende expor neste ensaio, ainda que tenha validade em outros espaços e em outro tempo, foi todo marcado pelas condições especiais da sociedade brasileira. Sociedade intensamente cambiante e dramaticamente contraditória. Sociedade em "partejamento", que apresentava violentos embates entre um tempo que se esvaziava, com seus valores, com suas peculiares formas de ser, e que "pretendia" preservar-se e um outro que estava por vir, buscando configurar-se. Este esforço não nasceu, por isso mesmo, do acaso. Foi uma tentativa de resposta aos desafios contidos nesta passagem que fazia a sociedade. Desde logo, qualquer busca de resposta a estes desafios implicaria, necessariamente, uma opção. Opção por esse ontem, que significava uma sociedade sem povo, comandada por uma "elite" superposta a seu mundo, alienada, em que o homem simples, minimizado e sem consciência desta minimização, era mais "coisa" que homem mesmo, ou opção pelo amanhã. Por uma nova sociedade que, sendo sujeito de si mesma, tivesse no homem e no povo sujeitos de sua história. Opção por uma sociedade parcialmente independente ou opção por uma sociedade que se "descolonizasse" cada vez mais. Que cada vez mais cortasse as correntes que a faziam e fazem permanecer como objeto de outras, que lhe são sujeitos. Este é o dilema básico que se apresenta, hoje, de forma iniludível, aos países subdesenvolvidos — ao Terceiro Mundo. A educação das massas se faz, assim, algo de absolutamente fundamental entre nós. Educação que, desvestida da roupagem alienada e alienante, seja uma força de mudança e de libertação. A opção, por isso, teria de ser, também, entre uma "educação" para a "domesticação", para a alienação, e uma educação para a liberdade. "Educação" para o homem-objeto ou educação para o homem-sujeito.

Todo o empenho do autor se fixou na busca desse homem-sujeito que, necessariamente, implicaria uma sociedade também sujeito. Sempre lhe pareceu, dentro das condições históricas de sua sociedade, inadiável e indispensável uma ampla conscientização das massas brasileiras por uma educação que as colocasse numa postura de autorreflexão e de reflexão sobre seu tempo e seu espaço. Estava e está convencido o autor de que a "elevação do pensamento" das massas, "o que se sói chamar apressadamente de politização", a que se refere Fanon, em *Los condenados de la tierra*, e que constitui para ele uma forma de se "ser responsável nos países subdesenvolvidos", começa exatamente por esta autorreflexão. Autorreflexão que as levará ao aprofundamento consequente de sua tomada de consciência e de que resultará sua inserção na história, não mais como espectadoras, mas como figurantes e autoras.

Nunca pensou, contudo, o autor, ingenuamente, que a defesa e a prática de uma educação assim, que respeitasse no homem a sua ontológica vocação de ser sujeito, pudesse ser aceita por aquelas forças, cujo interesse básico estava na alienação do homem e da sociedade brasileira. Na manutenção desta alienação. Daí que coerentemente se arregimentassem — usando todas as armas contra qualquer tentativa de aclaramento das consciências, vista sempre como séria ameaça a seus privilégios. É bem verdade que, ao fazerem isso ontem, hoje e amanhã, ali ou em qualquer parte, estas forças distorcem sempre a realidade e insistem em aparecer como defensoras do homem, de sua dignidade, de sua liberdade, apontando os esforços de verdadeira libertação como "perigosa subversão", como "massificação", como "lavagem cerebral" — tudo isso produto de demônios, inimigos do homem e da civilização ocidental cristã. Na verdade, elas é que massificam, na medida em que domesticam e endemoniadamente se "apoderam" das camadas mais ingênuas da sociedade. Na medida em que deixam em cada homem a sombra da opressão que o esmaga. Expulsar esta sombra pela conscientização é uma das fundamentais tarefas de uma educação realmente liberadora e por isso respeitadora do homem como pessoa. Este ensaio tentará um pouco da história, dos fundamentos e dos resultados deste empenho no Brasil. Empenho que custou a seu autor, obviamente, o afastamento de suas atividades universitárias, prisão, exílio. Empenho de que não se arrepende e que lhe valeu também compreensão e apoio de estudantes, de intelectuais, de homens simples do povo, engajados todos eles no esforço de humanização e libertação do homem e da sociedade brasileira. A estes, entre os quais muitos estão pagando na prisão e no exílio, pela coragem da rebeldia e pela valentia de amar, oferece o autor este ensaio.

Paulo Freire
Santiago,
primavera de 1965.

1

A sociedade brasileira em transição

O conceito de relações, da esfera puramente humana, guarda em si, como veremos, conotações de pluralidade, de transcendência, de criticidade, de consequência e de temporalidade. As relações que o homem trava no mundo com o mundo (pessoais, impessoais, corpóreas e incorpóreas) apresentam uma ordem tal de características que as distinguem totalmente dos puros contatos, típicos da outra esfera animal. Entendemos que, para o homem, o mundo é uma realidade objetiva, independente dele, possível de ser conhecida. É fundamental, contudo, partirmos de que o homem, ser de relações e não só de contatos, não apenas está no mundo, mas com o mundo. Estar com o mundo resulta de sua abertura à realidade, que o faz ser o ente de relações que é.

Há uma pluralidade nas relações do homem com o mundo, na medida em que responde à ampla variedade dos seus desafios. Em que não se esgota num tipo padronizado de resposta. A sua pluralidade não é só em face dos diferentes desafios que partem do seu contexto, mas em face de um mesmo desafio. No jogo constante de suas respostas, altera-se no próprio ato de responder. Organiza-se. Escolhe a melhor resposta. Testa-se. Age. Faz tudo isso com a certeza de quem usa uma ferramenta, com a consciência de quem está diante de algo que o desafia. Nas relações que o homem estabelece com o mundo há, por isso mesmo, uma pluralidade na própria singularidade. E há também uma nota presente de criticidade. A captação que faz dos dados objetivos de sua realidade, como dos laços que prendem um dado a outro, ou um fato a outro, é naturalmente crítica e, por isso, reflexiva e não reflexa, como seria na esfera dos contatos. Ademais, é o homem, e somente ele, capaz de transcender. A sua transcendência, acrescente-se, não é um dado apenas de sua qualidade "espiritual" no sentido em que a estuda Erich Kahler.[3] Não é o resultado exclusivo da transitividade de sua consciência, que o permite auto-objetivar-se e, a partir daí, reconhecer órbitas existenciais diferentes, distinguir um "eu" de um "não eu". A sua transcendência está também, para nós, na raiz de sua finitude. Na consciência que tem dessa finitude. Do ser inacabado que é e cuja plenitude se acha na ligação com seu Criador. Ligação que, pela própria essência, jamais será de dominação ou de domesticação, mas sempre de libertação. Daí que a religião — *religare* —, que encarna este sentido transcendental das relações do homem, jamais deva ser um instrumento de sua alienação. Exatamente porque, ser finito e indigente, tem o homem na transcendência, pelo amor, o seu retorno à sua fonte, que o liberta. No ato de discernir, porque

[3] Na introdução do seu livro, afirma Kahler tentar "escrever a história como biografia do homem, de modo que nos permita formar uma opinião sobre o futuro deste". Numa perspectiva antropológico-filosófica, procurando resposta ao "que é o humano", analisa algumas dessas visualizações para, de certa forma apoiado em Scheler e Neibuhr, desenvolver o que lhe parece a qualidade "espiritual" do homem. Erich Kahler, *Historia universal del hombre*. México: Fondo de Cultura Económica, 1965.

existe[4] e não só vive, se acha a raiz, por outro lado, da descoberta de sua temporalidade, que ele começa a fazer precisamente quando, varando o tempo, de certa forma então unidimensional, atinge o ontem, reconhece o hoje e descobre o amanhã. Na história de sua cultura terá sido o do tempo — o da dimensionalidade do tempo — um dos seus primeiros discernimentos. O "excesso" de tempo sob o qual vivia o homem das culturas iletradas prejudicava sua própria temporalidade, a que chega com o discernimento a que nos referimos e com a consciência desta temporalidade, à de sua historicidade. Não há historicidade no gato pela incapacidade de emergir do tempo, de discernir e transcender, que o faz afogado num tempo totalmente unidimensional — um hoje constante, de que não tem consciência. O homem existe — *existere* — no tempo. Está dentro. Está fora. Herda. Incorpora. Modifica. Porque não está preso a um tempo reduzido a um hoje permanente que o esmaga, emerge dele. Banha-se nele. Temporaliza-se.

Na medida, porém, em que faz esta emersão do tempo, libertando-se de sua unidimensionalidade, discernindo-a, suas relações com o mundo se impregnam de um sentido consequente. Na verdade, já é quase um lugar-comum afirmar-se que a posição normal do homem no mundo, visto

[4] Existir ultrapassa viver porque é mais do que estar no mundo. É estar nele e com ele. E é essa capacidade ou possibilidade de ligação comunicativa do existente com o mundo objetivo, contida na própria etimologia da palavra, que incorpora ao existir o sentido de criticidade que não há no simples viver. Transcender, discernir, dialogar (comunicar e participar) são exclusividades do existir. O existir é individual, contudo só se realiza em relação com outros existires. Em comunicação com eles. Neste aspecto, cf. Karl Jaspers, "Origen y meta de la historia". *Revista de Occidente*, 1953; e *Razão e anti-razão em nosso tempo*. Rio de Janeiro: ISEB, 1958.

como não está apenas nele mas com ele, não se esgota em mera passividade. Não se reduzindo tão somente a uma das dimensões de que participa, a natural e a cultural — da primeira, pelo seu aspecto biológico, da segunda, pelo seu poder criador —, o homem pode ser eminentemente interferidor. Sua ingerência, senão quando distorcida e acidentalmente, não lhe permite ser um simples espectador, a quem não fosse lícito interferir sobre a realidade para modificá-la. Herdando a experiência adquirida, criando e recriando, integrando-se às condições de seu contexto, respondendo a seus desafios, objetivando-se a si próprio, discernindo, transcendendo, lança-se o homem num domínio que lhe é exclusivo — o da história e o da cultura.[5]

A integração ao seu contexto, resultante de estar não apenas nele, mas com ele, e não a simples adaptação, acomodação ou ajustamento, comportamento próprio da esfera dos contatos, ou sintoma de sua desumanização,[6] implica que tanto a visão de si mesmo como a do mundo não podem absolutizar-se, fazendo-o sentir-se um ser

---

[5] Erich Kahler, op. cit.

[6] Insistimos, em todo o corpo de nosso estudo, na *integração*, e não na *acomodação*, como atividade da órbita puramente humana. A integração resulta da capacidade de ajustar-se à realidade acrescida da de transformá-la, a que se junta a de optar, cuja nota fundamental é a criticidade. À medida que o homem perde a capacidade de optar e vai sendo submetido a prescrições alheias que o minimizam e as suas decisões já não são suas, porque resultadas de comandos estranhos, já não se integra. *Acomoda-se. Ajusta-se.* O homem integrado é o homem *sujeito*. A adaptação é assim um conceito passivo — a integração ou comunhão, ativo. Este aspecto passivo se revela no fato de que não seria o homem capaz de alterar a realidade, pelo contrário, altera-se a si para adaptar-se. A adaptação daria margem apenas a uma débil ação defensiva. Para defender-se, o máximo que faz é adaptar-se. Daí que a homens indóceis, com ânimo revolucionário, se chame de subversivos. De inadaptados.

desgarrado e suspenso ou levando-o a julgar o seu mundo algo sobre que apenas se acha. A sua integração o enraíza. Faz dele, na feliz expressão de Marcel, um ser "situado e datado". Daí que a massificação implique no desenraizamento do homem. Na sua "destemporalização". Na sua acomodação. No seu ajustamento.

Não houvesse esta integração, que é uma nota de suas relações, e que se aperfeiçoa à medida que a consciência se torna crítica, fosse ele apenas um ser da acomodação ou do ajustamento, e a história e a cultura, domínios exclusivamente seus, não teriam sentido. Faltar-lhes-ia a marca da liberdade. Por isso, toda vez que se suprime a liberdade, fica ele um ser meramente ajustado ou acomodado. E é por isso que, minimizado e cerceado, acomodado a ajustamentos que lhe sejam impostos, sem o direito de discuti-los, o homem sacrifica imediatamente a sua capacidade criadora. Esparta não se compara a Atenas, e Toynbee adverte-nos da inexistência do diálogo naquela e da disponibilidade permanente da segunda à discussão e ao debate das ideias. A primeira, "fechada". A segunda, "aberta". A primeira, rígida. A segunda, plástica, inclinada ao novo.

Os contatos, por outro lado, modo de ser próprio da esfera animal, implicam, ao contrário das relações, respostas singulares, reflexas e não reflexivas e culturalmente inconsequentes. Deles resulta a acomodação, não a integração. Portanto, enquanto o animal é essencialmente um ser da acomodação e do ajustamento, o homem o é da integração. A sua grande luta vem sendo, através dos tempos, a de superar os fatores que o fazem acomodado ou ajustado. É a luta por sua humanização, ameaçada constantemente pela opressão que o esmaga, quase sempre até sendo feita — e isso é o mais doloroso — em nome de sua própria libertação.

A partir das relações do homem com a realidade, resultantes de estar com ela e de estar nela, pelos atos de criação, recriação e decisão, vai ele dinamizando o seu mundo. Vai dominando a realidade. Vai humanizando-a. Vai acrescentando a ela algo de que ele mesmo é o fazedor. Vai temporalizando os espaços geográficos. Faz cultura. E é ainda o jogo destas relações do homem com o mundo e do homem com os homens, desafiado e respondendo ao desafio, alterando, criando, que não permite a imobilidade, a não ser em termos de relativa preponderância, nem das sociedades nem das culturas. E, à medida que cria, recria e decide, vão se conformando as épocas históricas. É também criando, recriando e decidindo que o homem deve participar destas épocas.

E o fará melhor toda vez que, integrando-se ao espírito delas, se aproprie de seus temas fundamentais, reconheça suas tarefas concretas. Uma das grandes, se não a maior, tragédia do homem moderno está em que é hoje dominado pela força dos mitos e comandado pela publicidade organizada, ideológica ou não, e por isso vem renunciando cada vez, sem o saber, à sua capacidade de decidir. Vem sendo expulso da órbita das decisões. As tarefas de seu tempo não são captadas pelo homem simples, mas a ele apresentadas por uma "elite" que as interpreta e lhes entrega em forma de receita, de prescrição a ser seguida. E, quando julga que se salva seguindo as prescrições, afoga-se no anonimato nivelador da massificação, sem esperança e sem fé, domesticado e acomodado: já não é *sujeito*. Rebaixa-se a puro *objeto*. Coisifica-se.[7] "Libertou-se — diz Fromm — dos vínculos exteriores que o impediam de trabalhar e pensar de acordo com o que havia considerado adequado. Agora — continua — seria livre de atuar segundo sua própria vontade, se soubesse o que quer, pensa e sente. Mas não sabe. *Ajusta-se* [o grifo é nosso] ao mandado de autoridades anônimas e adota um *eu* que não lhe pertence. Quanto mais procede deste modo, tanto mais se sente forçado a conformar sua conduta à expectativa alheia. Apesar de seu disfarce de iniciativa e otimismo, o homem moderno está esmagado por um profundo sentimento de impotência que o faz olhar fixamente e, como que paralisado, para as catástrofes que se avizinham."

Por isso, desde já, saliente-se a necessidade de uma permanente atitude crítica, único modo pelo qual o homem realizará sua vocação natural de integrar-se, superando a atitude do simples ajustamento ou acomodação, apreendendo temas e tarefas de sua época. Esta, por outro lado, se realiza à proporção em que seus temas são captados e suas tarefas, resolvidas.[8] E se supera na medida em que temas e tarefas já não correspondem a novos anseios emergentes, que exigem, inclusive, uma visão nova dos velhos temas. Uma época histórica representa, assim, uma série de aspirações, de anseios, de valores, em busca de plenificação. Formas de ser, de comportar-se, atitudes mais ou menos generalizadas, a

---

[7] Erich Fromm, *El miedo a la libertad*. Barcelona: Paidós, 1958, pp. 275-6.

[8] Hans Freyer, *Teoría de la época actual*. México: Fondo de Cultura Económica, 1958.

que apenas os antecipados, os gênios, opõem dúvidas ou sugerem reformulações. Insista-se no papel que deverá ter o homem na plenificação e na superação desses valores, desses anseios, dessas aspirações. Sua humanização ou desumanização, sua afirmação como *sujeito* ou sua minimização como *objeto* dependem, em grande parte, de sua captação ou não desses temas. Quanto mais dinâmica uma época na gestação de seus temas próprios, tanto mais terá o homem de usar, como salienta Barbu, "cada vez mais funções intelectuais e cada vez menos funções puramente instintivas e emocionais".[9] Exatamente porque só uma vez que se prepare para esta captação é que poderá interferir, ao invés de ser simples espectador, acomodado às prescrições alheias que, dolorosamente, ainda julga serem opções suas.

Mas, infelizmente, o que se sente, dia a dia, com mais força aqui, menos ali, em qualquer dos mundos em que o mundo se divide, é o homem simples esmagado, diminuído e acomodado, convertido em espectador, dirigido pelo poder dos mitos que forças sociais poderosas criam para ele. Mitos que, voltando-se contra ele, o destroem e aniquilam. É o homem tragicamente assustado, temendo a convivência autêntica e até duvidando de sua possibilidade. Ao mesmo tempo, porém, inclinando-se a um gregarismo que implica, ao lado do medo da solidão, que se alonga como "medo da liberdade", a justaposição de indivíduos a quem falta um vínculo crítico e amoroso, que a transformaria numa unidade cooperadora, que seria a convivência autêntica. "O espírito gregário, disse um personagem de

[9] Zevedei Barbu, *Democracy and Dictatorship*. Londres: Routledge and Kegan Paul, 1956.

Pasternak, é sempre o refúgio da falta de dons."[10] É a armadura, acrescentemos nós, a que o homem se escraviza e dentro da qual já não ama. Quanto menos puder visualizar esta tragédia, tanto mais aceleradamente se irá transformando no rinoceronte de Ionesco.[11] E nada mais saberá, talvez, além de que é belo ser rinoceronte. E sem a capacidade de visualizar esta tragédia, de captar criticamente seus temas, de conhecer para interferir, é levado pelo jogo das próprias mudanças e manipulado pelas já referidas prescrições que lhe são impostas ou quase sempre maciamente doadas. Percebe apenas que os tempos mudam, mas não percebe a significação dramática da passagem, se bem que a sofra. Está mais imerso nela que emerso.

As sociedades que vivem esta passagem, esta transição de uma para outra época, estão a exigir, pela rapidez e flexibilidade que as caracterizam, a formação e o desenvolvimento de um espírito também flexível. O uso, para repetir Barbu, de "funções cada vez mais intelectuais e cada vez menos instintivas e emocionais", para a integração do homem. A fim de que possa perceber as fortes contradições que se aprofundam com o choque entre valores emergentes, em busca de afirmação e de plenificação, e valores do *ontem*, em busca de preservação. É este choque entre um *ontem* esvaziando-se, mas querendo permanecer, e um amanhã por se consubstanciar, que

---

[10] Boris Pasternak, *Doutor Jivago,* trad. Oscar Mendes e Milton Amado. Belo Horizonte: Ed. Itatiaia, 1959.

[11] Em recente ensaio, opõe Guerreiro Ramos ao "rinocerontismo" o que ele chama de "homem parentético". O homem que põe sempre em "parênteses" antes de definir-se para optar. "O homem parentético não é um cético nem um tímido. É crítico." Há uma certa relação entre o homem parentético de Guerreiro Ramos e a "imaginação sociológica" de Wright Mills.

caracteriza a fase de trânsito como um tempo anunciador. Verifica-se, nestas fases, um teor altamente dramático a impregnar as mudanças de que se nutre a sociedade. Porque dramática, desafiadora, a fase de trânsito se faz então enfaticamente um tempo de opções.[12] Estas, porém, só o são realmente desde que nasçam de um impulso livre, como resultado da captação crítica do desafio, para que sejam conhecimento transformado em ação. Deixarão de sê-lo à proporção que expressem a expectativa de outros.

Nutrindo-se de mudanças, o tempo de trânsito é mais do que simples mudança. Ele implica realmente esta marcha acelerada que faz a sociedade à procura de novos temas e de novas tarefas. E se todo trânsito é mudança, nem toda mudança é trânsito. As mudanças se processam numa mesma unidade de tempo histórico qualitativamente invariável, sem afetá-la profundamente. É que elas se verificam pelo jogo normal de alterações sociais resultantes da própria busca de plenitude que o homem tende a dar aos temas. Quando, porém, estes temas iniciam o seu esvaziamento e começam a perder significação e novos temas emergem, é sinal de que a sociedade começa a passagem para outra época. Nestas fases, repita-se, mais do que nunca, se faz indispensável a integração do homem. Sua capacidade de apreender o mistério das mudanças, sem o que será delas um simples joguete.

---

[12] O momento de trânsito propicia o que vimos chamando, em linguagem figurada, de "pororoca" histórico-cultural. Contradições cada vez mais fortes entre formas de ser, de visualizar, de comportar-se, de valorar do *ontem* e outras formas de ser, de visualizar e de valorar, carregadas de futuro. À medida que se aprofundam as contradições, a "pororoca" se faz mais forte e o clima "dela" se torna mais e mais emocional.

Vivia o Brasil, exatamente, a passagem de uma para outra época. Daí que não fosse possível ao educador, então, mais do que antes, discutir o seu tema específico, desligado do tecido geral do novo clima cultural que se instalava, como se pudesse ele operar isoladamente. E que temas e que tarefas teriam sido esvaziados e estariam esvaziando-se na sociedade brasileira de que decorressem a superação de uma época e a passagem para outra? Todos os temas e todas as tarefas características de uma "sociedade fechada".[13] Sua alienação cultural, de que decorria sua posição de sociedade "reflexa" e a que correspondia uma tarefa alienada e alienante de suas elites. Elites distanciadas do povo. Superpostas à sua realidade. Povo "imerso" no processo, inexistente enquanto capaz de decidir e a quem correspondia a tarefa de quase não ter tarefa. De estar sempre *sob*. De seguir. De ser comandado pelos apetites da "elite", que estava sobre ele. Nenhuma vinculação dialogal entre estas elites e estas massas, para quem ter tarefa corresponderia somente seguir e obedecer. Incapacidade de ver-se a sociedade a si mesma, de que resultava como tarefa preponderante a importação de modelos, a que Guerreiro Ramos chamou de "exemplarismo". Alguns de seus temas próprios, vez ou outra vislumbrados desde a colônia, por um ou outro antecipado, terminavam quase sempre por distorcer-se, quando postos como tarefas, pelas condições mesmas da alienação. Terminavam por não vingar.

Em última análise, toda a temática e o conjunto de suas tarefas, ao rachar-se a sociedade, assumiram uma nova coloração. Na "sociedade fechada", temas como democracia, participação popular, liberdade, propriedade,

---

[13] Karl Popper, *A sociedade democrática e seus inimigos*. Belo Horizonte: Ed. Itatiaia, 1959.

autoridade, educação e muitos outros, de que decorriam tarefas específicas, tinham uma tônica e uma significação que já não satisfazem à sociedade em trânsito.[14] A nossa preocupação, de resto difícil, era a captação dos novos anseios, como a visão nova dos velhos temas que, se consubstanciando, nos levariam a uma "sociedade aberta", mas que distorcendo-se poderiam levar-nos a uma sociedade de massas em que, descriticizado, quedaria o homem acomodado e domesticado.

A educação, por isso, na fase de trânsito que vivíamos, se fazia uma tarefa altamente importante. A sua força decorreria sobretudo da capacidade que tivéssemos de nos incorporarmos ao dinamismo da época do trânsito. Dependeria de distinguirmos lucidamente na época do trânsito o que estivesse *nele*, mas não fosse *dele*, do que, estando *nele*, fosse realmente *dele*. Sendo a fase de trânsito o elo entre uma época que se esvaziava e uma nova que ia se consubstanciando, tinha algo de alongamento e algo de adentramento. De alongamento da velha sociedade que se esvaziava e que despejava nele querendo preservar-se. De adentramento na nova sociedade que anunciava e que, através dele, se engendrava na velha. Daí era a época do trânsito o tempo anunciador a que já nos referimos. Sua tendência era, porém, pelo jogo das contradições bem fortes de que se nutria, ser palco da superação dos velhos temas e da nova percepção de muitos deles. Isso não significava, contudo, que neste embate entre os velhos e os novos temas ou a sua nova visão, a vitória destes e desta se fizesse facilmente e sem sacrifícios. Era preciso que

[14] O mesmo nos parece ocorrer agora com o recente golpe de Estado a exigir uma nova ótica para as tarefas e os temas até pouco característicos da fase de trânsito.

os velhos esgotassem as suas vigências para que cedessem lugar aos novos. Por isso é que o dinamismo do trânsito se fazia com idas e vindas, avanços e recuos que confundiam ainda mais o homem. E a cada recuo, se lhe falta a capacidade de perceber o mistério de seu tempo, pode corresponder uma trágica desesperança. Um medo generalizado.

Por outro lado, os recuos não detêm a transição. Os recuos não são um trânsito para trás. Retardam-no ou distorcem-no. Os novos temas, ou a nova visão dos velhos, reprimidos nos recuos, "insistem" em sua marcha até que, esgotadas as vigências dos velhos temas, alcancem a sua plenitude e a sociedade então se encontrará em seu ritmo normal de mudanças, à espera de novo momento de trânsito, em que o homem se humanize cada vez mais.

Por isso, também, é que o momento do trânsito pertence muito mais ao amanhã, ao novo tempo que anuncia, do que ao velho. E que ele tem algo *nele* que não é *dele*, enquanto não pode ser do amanhã.

O ponto de partida do nosso trânsito foi exatamente aquela sociedade fechada a que já nos referimos. Sociedade, acrescente-se, com o centro de decisão de sua economia fora dela. Economia, por isso mesmo, comandada por um mercado externo. Exportadora de matérias-primas. Crescendo para fora. Predatória. Sociedade reflexa na sua economia. Reflexa na sua cultura. Por isso alienada. Objeto e não sujeito de si mesma. Sem povo. Antidialogal, dificultando a mobilidade social vertical ascendente. Sem vida urbana ou com precária vida urbana. Com alarmantes índices de analfabetismo, ainda hoje persistentes. Atrasada. Comandada por uma elite superposta a seu mundo, em vez de com ele integrada.

Esta sociedade rachou-se. A rachadura decorreu da ruptura nas forças que mantinham a "sociedade fechada" em equilíbrio. As alterações econômicas, mais fortes neste século, e que começaram incipientemente no século passado, com os primeiros surtos de industrialização, foram os principais fatores da rachadura da nossa sociedade. Se ainda não éramos uma sociedade aberta, já não éramos, contudo, uma sociedade totalmente fechada. Parecia-nos sermos uma sociedade abrindo-se, com preponderância de abertura nos centros urbanos e de fechamento nos rurais, correndo o risco, pelos possíveis recuos no trânsito, como o atual golpe de Estado, de um retorno catastrófico ao fechamento.[15]

Não temíamos afirmar, porém, esta obviedade: que a nossa salvação democrática estaria em nos fazermos uma sociedade homogeneamente aberta. Este fazermo-nos uma sociedade aberta constituía um dos fundamentais desafios a exigir adequada resposta. Adequada e difícil. É que, em si mesmo, se achava ele envolvido por uma série de forças contraditórias, internas e externas. Umas que pretendiam superar a situação dramática de que ele nascia e levar-nos pacificamente às soluções desejadas. Estas forças estavam convencidas, em face da crescente emersão popular e do próprio processo de "democratização fundamental" instalado na época do trânsito, de que a abertura da sociedade brasileira e sua autonomia se fariam em termos realmente pacíficos. Outras, a todo custo, buscando reacionariamente entravar o avanço e fazer-nos permanecer indefinidamente no estado em que estávamos. Pior ainda, levar-nos a um recuo, em que as massas

---

[15] Celso Furtado, "Reflexões sobre a pré-revolução brasileira". *Revista Brasileira de Ciências Sociais*, Estudos universitários, v. 1, julho-setembro de 1962, pp. 17-27.

emergentes, se já não pudessem voltar a ser imersas, fossem levadas à imobilidade e ao mutismo, em nome de sua própria liberdade.

Neste momento, dividiam-se os homens e as instituições, num sentido amplo, que comportava categorias intermediárias, em reacionários e progressistas. Em homens e instituições que apenas estavam *no* trânsito e homens e instituições que não apenas estavam, mas eram *do* trânsito. À medida, porém, que as contradições se aprofundavam entre os velhos e os novos temas, ou entre a visão anterior e a atual dos mesmos temas, provocavam no homem brasileiro o surgimento de atitudes optativas. Estas, já o afirmamos, só o são em termos autênticos à proporção que resultem de uma captação crítica do desafio e não sejam o resultado de prescrições ou de expectativas alheias. Feita a opção pelo aprofundamento das contradições, provocador de um clima emocional, a tendência era a da radicalização na opção.

A radicalização, que implica o enraizamento que o homem faz na opção que fez, é positiva, porque preponderantemente crítica. Porque crítica e amorosa, humilde e comunicativa. O homem radical na sua opção não nega o direito ao outro de optar. Não pretende impor a sua opção. Dialoga sobre ela. Está convencido de seu acerto, mas respeita no outro o direito de também julgar-se certo. Tenta convencer e converter, e não esmagar o seu oponente. Tem o dever, contudo, por uma questão mesma de amor, de reagir à violência dos que lhe pretendam impor silêncio.[16] Dos que, em nome

[16] Toda relação de dominação, de exploração, de opressão já é, em si, violenta. Não importa que se faça através de meios drásticos ou não. É, a um tempo, desamor e óbice ao amor. Óbice ao amor na medida em que dominador e dominado, desumanizando-se o primeiro, por excesso, o segundo, por falta de

da liberdade, matam, em si e nele, a própria liberdade. A posição radical, que é amorosa, não pode ser autoflageladora. Não pode acomodar-se passivamente diante do poder exacerbado de alguns que leva à desumanização de todos, inclusive dos poderosos. O grande mal, porém, estava em que, despreparado para a captação crítica do desafio, jogado pela força das contradições, o homem brasileiro e até as suas elites vinham descambando para a sectarização e não para as soluções radicais. E a sectarização tem uma matriz preponderantemente emocional e acrítica. É arrogante, antidialogal e por isso anticomunicativa. É reacionária, seja assumida por direitista, que para nós é um sectário de "nascença", ou esquerdista. O sectário nada cria porque não ama. Não respeita a opção dos outros. Pretende a todos impor a sua, que não é opção, mas fanatismo. Daí a inclinação do sectário ao ativismo, que é ação sem vigilância da reflexão. Daí o seu gosto pela sloganização, que dificilmente ultrapassa a esfera dos mitos e, por isso mesmo, morrendo nas meias verdades, nutre-se do puramente "relativo a que atribui valor absoluto".[17]

---

poder, se fazem coisas. E coisas não se amam. De modo geral, porém, quando o oprimido legitimamente se levanta contra o opressor, em quem identifica a opressão, é a ele que se chama de violento, de bárbaro, de desumano, de frio. É que, entre os incontáveis direitos que se admite a si, a consciência dominadora tem mais estes: o de definir a violência. O de caracterizá-la. O de localizá-la. E se este direito lhe assiste, com exclusividade, não será nela mesma que irá encontrar a violência. Não será a si própria que chamará de violenta. Na verdade, a violência do oprimido, ademais de ser mera resposta em que revela o intento de recuperar sua humanidade, é, no fundo, ainda, a lição que recebeu do opressor. Com ele, desde cedo, como salienta Fanon, é que o oprimido aprende a torturar. Com uma sutil diferença neste aprendizado — o opressor aprende a torturar, torturando o oprimido. O oprimido, sendo torturado pelo opressor.

[17] Tristão de Ataíde, *Mitos do nosso tempo*. Rio de Janeiro: José Olympio, 1943.

O radical,[18] pelo contrário, rejeita o ativismo e submete sempre sua ação à reflexão. O sectário, seja de direita ou de esquerda, se põe diante da história como o seu único fazedor. Como seu proprietário. Diferem porque, enquanto um pretende detê-la, o outro pretende antecipá-la. Se a história é obra sua, se lhe pertence, pode um detê-la quando quiser, o outro antecipá-la, se lhe aprouver. Daí se identificarem na imposição de suas convicções. Na redução do povo à massa. O povo não conta nem pesa para o sectário, a não ser como suporte para seus fins. Deve comparecer ao processo ativistamente. Será um comandado pela propaganda intoxicadora de que não se adverte. Não pensa. Pensam por ele, e é na condição de protegido, de menor de idade, que é visto pelo sectário, que jamais fará uma revolução verdadeiramente libertadora, precisamente porque também não é livre. Para o radical, que não pode ser um centrista ou um direitista, não

[18] Na atualidade brasileira, as posições radicais, no sentido que lhes damos, vinham sendo assumidas, sobretudo, se bem que não exclusivamente, por grupos de cristãos para quem a "história", no dizer de Mounier, tem sentido: a história do mundo, primeiramente, e em seguida a história do homem. Esta é a primeira de quatro ideias fundamentais que Mounier, discutindo a questão do progresso, como um tema moderno, estabelece. A segunda é que esse movimento, referindo-se ao progresso, vai de um impulso profundo, contínuo, para um impulso melhor, embora vicissitudes diversas lhe compliquem o curso, e esse movimento é um movimento de libertação do homem. A terceira é que o desenvolvimento das ciências e das técnicas, que caracteriza a idade moderna ocidental e se espalha por toda a terra, constitui um momento decisivo desta libertação. A última, enfim, diz Mounier, é que nessa ascensão o homem tem a missão gloriosa de ser o autor da própria libertação. As posições irracionalmente sectárias, até mesmo de cristãos, não entendiam ou não queriam entender a busca de integração com os problemas tempo-espaciais do país, feita pelos radicais. Não entendiam a sua preocupação com o progresso de que resultasse a libertação do homem. Daí catalogarem esses radicais como desumanizadores do homem brasileiro.

se detém nem se antecipa a história, sem que se corra o risco de uma punição. Não é mero espectador do processo, mas cada vez mais sujeito, na medida em que, crítico, capta suas contradições. Não é também seu proprietário. Reconhece, porém, que, se não pode deter nem antecipar, pode e deve, como sujeito, com outros sujeitos, ajudar e acelerar as transformações, na medida em que conhece para poder interferir.

Na atualidade brasileira, não vinha sendo dos radicais a supremacia, mas dos sectários, sobretudo de direita. E isto é o que nos fazia temer pelos destinos democráticos do país. Pela humanização do homem brasileiro, ameaçado pelos fanatismos, que separam os homens, embrutecem e geram ódios. Fanatismos que se nutriam no alto teor de irracionalidade que brotava do aprofundamento das contradições e que afetavam igualmente o sentido de esperança que envolvia a fase do trânsito. Esta esperança[19] ameaçada tinha, por um lado, suas raízes na própria passagem que fazia a sociedade brasileira de seu *status*

[19] O clima de esperança das sociedades desalienadas, as que dão início àquela volta sobre si mesmas, auto-objetivando-se, corresponde ao processo de abertura em que elas se instalam. Ora, qualquer ameaça de recuo neste trânsito, de que o irracionalismo sectário é causa e efeito, e de que resulte um retorno ao fechamento, constitui um impacto destruidor ou quase destruidor da esperança. Sentíamos que o Brasil marchava para a tragédia de um recuo. E a esperança que nascia da descoberta que a sociedade começava a fazer de si mesma como inacabada seria diluída sob a pressão louca dos irracionalismos. A descoberta do inacabado fazia da esperança uma legenda que, ameaçada por aquela loucura, deixaria a sociedade "fadada a morrer de frio". Como morrer de frio é o destino dos que não veem, sejam homens ou sociedades, que só na busca do renovar-se estará sua vitalidade. Só na convicção permanente do inacabado pode encontrar o homem e as sociedades o sentido da esperança. Quem se julga acabado está morto. Não descobre sequer sua indigência. A sociedade brasileira, que iniciava o aprendizado da esperança, pode agora, muito antes de se julgar ilusoriamente acabada, assistir ao sepultamento da sua esperança. E suas gerações mais jovens caírem numa apatia, numa alienação, num novo ativismo. Tudo desesperança.

anterior, colonial, de sociedade puramente reflexa, para o de sujeito de si mesma. Na verdade, nas sociedades alienadas, condição de onde partíamos e de que saíamos, as gerações oscilam entre o otimismo ingênuo e a desesperança. Incapazes de projetos autônomos de vida, buscam nos transplantes inadequados a solução para os problemas do seu contexto. São assim utopicamente idealistas, para depois se fazerem pessimistas e desesperançosas. O fracasso de seus empréstimos, que está na sua inorganicidade, confunde suas elites e as conserva numa posição ingênua diante dos seus problemas. A sua grande preocupação não é, em verdade, ver criticamente o seu contexto. Integrar-se com ele e nele. Daí se superporem a ele com receitas tomadas de empréstimo. E como são receitas transplantadas que não nascem da análise crítica do próprio contexto, resultam inoperantes. Não frutificam. Deformam-se na retificação que lhes faz a realidade. De tanto insistirem essas sociedades nas soluções transplantadas, sem a devida "redução"[20] que as adequaria às condições do meio, terminam as suas gerações mais velhas por se entregarem ao desânimo e a atitudes de inferioridade.

Um dia, no processo histórico dessas sociedades, fatos novos sucedem e provocam as primeiras tentativas de uma volta sobre si mesmas. Um novo clima cultural começa a se formar. Representantes das elites dirigentes, até então inautênticas, por isso superpostas ao seu mundo, começam a com eles se integrar. Um mundo novo se levanta diante deles, com matizes até então despercebidos. Ganham, pouco a pouco, a consciência de suas possibilidades, como resultado imediato de sua inserção no seu mundo e da captação das tarefas de seu tempo ou da visão nova dos velhos temas.

---

[20] Cf. Guerreiro Ramos, *A redução sociológica*. Rio de Janeiro: Tempo Brasileiro, 1965.

Começam a fazer-se críticos e, por isso, renunciam tanto ao otimismo ingênuo e aos idealismos utópicos quanto ao pessimismo e à desesperança, e se tornam criticamente otimistas. A desesperança das sociedades alienadas passa a ser substituída por esperança, quando começam a se ver com os seus próprios olhos e se tornam capazes de projetar. Quando vão interpretando os verdadeiros anseios do povo. À medida que vão se integrando com o seu tempo e o seu espaço e que, criticamente, se descobrem inacabados. Realmente, não há por que se desesperar se se tem a consciência exata, crítica, dos problemas, das dificuldades e até dos perigos que se tem à frente.

Aí é que a posição anterior de autodesvalia, de inferioridade, característica da alienação, que amortece o ânimo criador dessas sociedades e as impulsiona sempre às imitações, começa a ser substituída por uma outra, de autoconfiança. E os esquemas e as "receitas" antes simplesmente importados, passam a ser substituídos por projetos, planos, resultantes de estudos sérios e profundos da realidade. E a sociedade passa assim, aos poucos, a se conhecer. Renuncia à velha postura de objeto e vai assumindo a de sujeito. Por isso, a desesperança e o pessimismo anteriores, em torno de seu presente e de seu futuro, como também aquele otimismo ingênuo, se substituem por otimismo crítico. Por esperança, repita-se.

É bem verdade que este otimismo, por isso mesmo crítico, não levará a sociedade a posições quietistas. Pelo contrário, este otimismo nasce e se desenvolve ao lado de um forte senso de responsabilidade de representantes das elites que vão se fazendo cada vez mais autênticos, à medida que esta responsabilidade cresce. Seria uma contradição se o otimismo crítico dessas sociedades significasse um deixar correrem as coisas, irresponsavelmente.

Este senso de responsabilidade de verdadeiros representantes das elites dirigentes, que cada vez mais se identificam com o povo, a comunicar-se com ele pelo seu testemunho e pela ação educativa, ajudará a sociedade a evitar possíveis distorções a que está sujeita na marcha de seu desenvolvimento.

Este clima de esperança, que nasce no momento exato em que a sociedade inicia a volta sobre si mesma e descobre-se inacabada, com um sem-número de tarefas a cumprir, se desfaz em grande parte sob o impacto da sectarização. Sectarização que se inicia quando, "rachada" a sociedade fechada, se instala o fenômeno que Mannheim chama de "democratização fundamental", que implica uma crescente participação do povo no seu processo histórico. E era esta democratização que, abrindo-se em leque e apresentando dimensões interdependentes — a econômica, a social, a política e a cultural —, caracterizava a presença participante do povo brasileiro que, na fase anterior, não existia.

Encontrava-se então o povo, na fase anterior de fechamento de nossa sociedade, *imerso* no processo. Com a rachadura e a entrada da sociedade na época do trânsito, *emerge*. Se na imersão era puramente espectador do processo, na emersão descruza os braços, renuncia à expectação e exige a ingerência. Já não se satisfaz em assistir. Quer participar. A sua participação, que implica uma tomada de consciência apenas e não ainda uma conscientização — desenvolvimento da tomada de consciência —, ameaça as elites detentoras de privilégios. Agrupam-se então para defendê-los. Num primeiro momento, reagem espontaneamente. Numa segunda fase, percebem claramente a ameaça contida na tomada de consciência por parte do povo. Arregimentam-se. Atraem para si os "teóricos" de "crises", como, de modo geral, chamam ao novo clima cultural. Criam instituições assistenciais, que alongam em assistencialistas. E, em nome da liberdade "ameaçada", repelem a participação do povo. Defendem uma democracia *sui generis* em que o povo é um enfermo, a quem se aplicam remédios. E sua enfermidade está precisamente em ter voz e participação. Toda vez que tente expressar-se livremente e pretenda participar é sinal de que continua enfermo, necessitando, assim, de mais "remédio". A saúde, para esta estranha democracia, está no silêncio do povo, na sua quietude. Está na "sociedade fechada". No imobilismo. Daí que falem tanto os defensores dessa "democracia" na necessidade de preservar o povo do que chamam de "ideias exóticas": em última análise, tudo que possa contribuir para a presença atuante do povo no seu processo histórico.

Rotulam por isso mesmo os que se integram no dinamismo do trânsito e se fazem representantes dele de subversivos. "Subversivos", dizem, "porque ameaçam a ordem". Esquecem-se, porém, de que o conceito de ordem não é só do mundo estético, físico ou ético, mas também histórico-sociológico. De um ponto de vista puramente ético, por exemplo, não houve ordem na sociedade "fechada" de onde partimos, uma vez que se fundava na exploração de muitos por poucos. Histórica e faseologicamente, havia "ordem" naquela sociedade, resultante do equilíbrio de forças que a mantinha. Embora uma "ordem" que a um cristão repugnasse.

Os contingentes de "povo", sociologicamente inexistente, imersos no processo, não percebiam, em termos críticos, as bases espoliadoras daquela "ordem". Acomodavam-se a ela. À medida que iniciam a emersão no processo histórico, vão percebendo rapidamente que os fundamentos da "ordem" que os minimizavam já não têm sentido. Levantamse contra a ordem, que já é desordem hoje, não só ética, mas sociologicamente.

Para os representantes das classes aquinhoadas pela ordem anterior, atacá-la e tentar democraticamente sua superação era subvertê-la. Na verdade, subversão era mantê-la fora do tempo. Esta é uma das grandes subversões do golpe militar brasileiro.

Por isso, a atitude subversiva é essencialmente comandada por apetites, conscientes ou não, de privilégios. Daí a subversão não ser apenas de quem, não tendo privilégios, queira tê-los, mas também daqueles que, tendo-os, pretendam mantê-los. Por isso mesmo, numa sociedade em transição como a nossa, subversivo tanto era o homem comum, "emergente" em posição ingênua no processo histórico, em busca de privilégios, como subversivo era e é aquele que pretendia e pretende manter uma ordem defasada.

Ora, não é possível ou é quase impossível viver uma sociedade um clima histórico-cultural como este sem que se desencadeassem forças intensamente emocionais. São os resultados dos próprios embates das contradições. Este clima emocional, alongado em irracionalismos, é que gerava, alimentava e fazia crescer as posições sectárias. Nos que pretendiam deter a história para, assim, manter seus privilégios. Nos que pretendiam antecipar a história para, assim, "acabar" com os privilégios. Ambos minimizando o homem. Ambos trazendo sua colaboração à massificação, à demissão do homem brasileiro, que apenas iniciava sua admissão à categoria de povo.

E entre eles, sem que fossem de centro, esmagados e incompreendidos, os radicais — no sentido já exposto —, que pretendiam fossem as soluções dadas sempre *com o povo, nunca apenas para ele ou sobre ele*. Os que rejeitavam o assistencialismo amaciador ou a força das imposições, ou o fanatismo das "guerras santas", com todo o seu irracionalismo, e defendiam as transformações profundas, respeitando-se o homem como pessoa e por isso, como sujeito.

Às forças internas, reacionárias, nucleadas em torno de interesses latifundiários a pretenderem esmagar a democratização fundamental, se juntaram, inclusive embasando-as, forças externas, interessadas na não transformação da sociedade brasileira de objeto a sujeito dela mesma. Como as internas, as externas tentavam e faziam suas pressões e imposições e também seus amaciamentos, suas soluções assistencialistas.

Opúnhamo-nos a estas soluções assistencialistas, ao mesmo tempo que não aceitávamos as demais, porque guardavam em si uma dupla contradição. Em primeiro lugar, contradiziam a vocação natural da pessoa — a de ser sujeito e não objeto, e o assistencialismo faz de quem recebe a assistência um objeto passivo, sem possibilidade de participar do processo de sua própria recuperação. Em segundo lugar, contradiziam o processo de "democratização fundamental" em que estávamos situados.

O grande perigo do assistencialismo está na violência do seu antidiálogo, que, impondo ao homem mutismo e passividade, não lhe oferece condições especiais para o desenvolvimento ou a "abertura" de sua consciência, que, nas democracias autênticas, há de ser cada vez mais crítica.

Sem esta consciência cada vez mais crítica não será possível ao homem brasileiro integrar-se à sua sociedade em transição, intensamente cambiante e contraditória.

Daí as relações do assistencialismo com a massificação, de que é a um tempo efeito e causa.

O que importa, realmente, ao ajudar-se o homem é ajudá-lo a ajudar-se. (E aos povos também.[21]) É fazê-lo agente de sua própria recuperação. É, repitamos, pô-lo numa postura conscientemente crítica diante de seus problemas.

O assistencialismo, ao contrário, é uma forma de ação que rouba ao homem condições à consecução de uma das necessidades fundamentais de sua alma — a responsabilidade. "A satisfação desta necessidade, afirma Simone Weil, referindo-se à responsabilidade, exige que o homem tenha de tomar a miúdo decisões em problemas, grandes ou pequenos, que afetam interesses alheios aos seus próprios, com os quais, porém, se sente comprometido."[22]

---

[21] Na *Mater et magistra*, João XXIII, ao tratar as relações entre nações ricas e pobres, desenvolvidas e em desenvolvimento, exorta a que as primeiras, na sua ajuda às segundas, não o façam através do que chama de "formas disfarçadas de domínio colonial". Que o façam sem nenhum interesse, mas com a única intenção de lhes possibilitar desenvolverem-se, enfim, por si mesmas, econômica e socialmente. E é exatamente isso que o assistencialismo não faz, enquadrando-se entre aquelas "formas de domínio colonial".

[22] Simone Weil, *Raíces del existir*. Buenos Aires: Editorial Sudamericana, 1954.

É exatamente por isso que a responsabilidade é um dado existencial. Daí não poder ser ela incorporada ao homem intelectualmente, mas vivencialmente. No assistencialismo não há responsabilidade. Não há decisão. Só há gestos que revelam passividade e "domesticação" do homem. Gestos e atitudes. É esta falta de oportunidade para a decisão e para a responsabilidade participante do homem, característica do assistencialismo, que leva suas soluções a contradizer a vocação da pessoa em ser sujeito e a democratização fundamental, instalada na transição brasileira, a que já nos referimos. Na verdade, não será com soluções desta ordem, internas ou externas, que se oferecerá ao país uma destinação democrática. O de que se precisava urgentemente era dar soluções rápidas e seguras aos seus problemas angustiantes. *Soluções, repita-se, com o povo, e nunca sobre ou simplesmente para ele.*

Era ir ao encontro desse povo emerso nos centros urbanos e emergindo já nos rurais e ajudá-lo a *inserir-se* no processo, criticamente. E esta passagem, absolutamente indispensável à humanização do homem brasileiro, não poderia ser feita nem pelo engodo, nem pelo medo, nem pela força. Mas, por uma educação que, por ser educação, haveria de ser corajosa, propondo ao povo a reflexão sobre si mesmo, sobre seu tempo, sobre suas responsabilidades, sobre seu papel no novo clima cultural da época de transição. Uma educação que lhe propiciasse a reflexão sobre seu próprio poder de refletir e que tivesse sua instrumentalidade, por isso mesmo, no desenvolvimento desse poder, na explicitação de suas potencialidades, de que decorreria sua capacidade de opção. Educação que levasse em consideração os vários graus de poder de captação do homem brasileiro da mais alta importância no sentido de sua humanização. Daí a preocupação que sempre tivemos de analisar estes vários graus de compreensão da realidade em seu condicionamento histórico-cultural e que, a seguir, passamos a discutir.

De sua posição inicial de "intransitividade da consciência",[23] característica da "imersão" em que estava, passava na emersão que fizera para um novo estado — o da "transitividade ingênua".

Uma comunidade preponderantemente "intransitivada" em sua consciência, como o era a sociedade "fechada" brasileira, se caracteriza pela quase centralização dos interesses do homem em torno de formas mais vegetativas de vida. Quase que exclusivamente pela extensão do raio de captação a essas formas de vida. Suas preocupações se cingem mais ao que há nele de vital, biologicamente falando. Falta-lhe teor de vida em plano mais histórico. É a consciência predominante ainda hoje, dos homens de zonas fortemente atrasadas do país. Esta forma de consciência representa um quase incompromisso entre o homem e sua existência. Por isso, adstringe-o a um plano de vida mais vegetativa. Circunscreve-o a áreas estreitas de interesses e preocupações. É a consciência dos homens pertencentes àquelas coletividades que Fernando de Azevedo chamou de "delimitadas" e "dobradas sobre si mesmas".[24] Escapa ao homem intransitivamente consciente a apreensão de problemas que se situam

[23] Paulo Freire, *Educação e atualidade brasileira*. Recife: Universidade Federal do Recife, 1959. A este propósito, é indispensável a leitura de estudos sérios e profundos do mestre brasileiro Álvaro Vieira Pinto. Entre estes, sobretudo, *Consciência e realidade nacional*. Rio de Janeiro: ISEB, 1961.

[24] Fernando de Azevedo, A *educação entre dois mundos*. São Paulo: Editora Melhoramentos, 1958, p. 34.

além de sua esfera biologicamente vital. Daí implicar uma incapacidade de captação de grande número de questões que são suscitadas.

É evidente que o conceito de "intransitividade" não corresponde a um fechamento do homem dentro dele mesmo, esmagado, se assim o fosse, por um tempo e um espaço todo-poderosos. O homem, qualquer que seja o seu estado, é um ser aberto. O que pretendemos significar com a consciência "intransitiva" é a limitação de sua esfera de apreensão. É a sua impermeabilidade a desafios situados fora da órbita vegetativa. Neste sentido, e só neste sentido, é que a intransitividade representa um quase incompromisso do homem com a existência. O discernimento se dificulta. Confundem-se as notas dos objetos e dos desafios do contorno, e o homem se faz mágico pela não captação da causalidade autêntica.

À medida, porém, que amplia o seu poder de captação e de resposta às sugestões e às questões que partem de seu contorno e aumenta o seu poder de dialogação, não só com o outro homem, mas com o seu mundo, se "transitiva". Seus interesses e preocupações, agora, se alongam a esferas mais amplas do que à simples esfera vital.

Esta transitividade da consciência permeabiliza o homem. Leva-o a vencer o seu incompromisso com a existência, característico da consciência intransitiva, e o compromete quase totalmente. Por isso mesmo que existir é um conceito dinâmico. Implica uma dialogação eterna do homem com o homem. Do homem com o mundo. Do homem com o seu Criador. É essa dialogação do homem sobre o mundo e com o mundo mesmo, sobre os desafios e problemas, que o faz histórico. Por isso, nos referimos ao incompromisso do homem preponderantemente intransitivado com a sua existência. E ao plano de vida mais vegetativo que histórico, característico da intransitividade.

A consciência transitiva é, porém, num primeiro estado, preponderantemente ingênua. A transitividade ingênua, fase em que nos achávamos e nos achamos hoje nos centros urbanos, mais enfática ali, menos aqui, se caracteriza, entre outros aspectos, pela simplicidade na interpretação dos problemas. Pela tendência a julgar que o tempo melhor foi o tempo passado. Pela subestimação do homem comum. Por uma forte inclinação ao gregarismo, característico da massificação. Pela impermeabilidade à investigação, a que corresponde um gosto acentuado pelas explicações fabulosas. Pela fragilidade na argumentação. Por forte teor de emocionalidade. Pela prática não propriamente do diálogo, mas da polêmica. Pelas explicações mágicas. Esta nota mágica, típica da intransitividade, perdura, em parte, na transitividade. Ampliam-se os horizontes. Responde-se mais abertamente aos estímulos. Mas se envolvem as respostas de teor ainda mágico. É a consciência do quase homem-massa, em quem a dialogação mais amplamente iniciada do que na fase anterior se deturpa e se distorce.

É exatamente esta distorção da transitividade ingênua — no caso de não promovida à transitividade crítica — que levará o homem ao tipo de consciência que Marcel chama de "fanatizada", da qual falaremos mais adiante. Eis aí um dos grandes perigos, das grandes ameaças, a que o irracionalismo sectário nos está conduzindo.

A transitividade crítica,[25] por outro lado, a que chegaríamos com uma educação dialogal e ativa, voltada para a responsabilidade social e política, se caracteriza pela profundidade na interpretação dos problemas. Pela substituição de explicações mágicas por princípios causais. Por procurar testar os "achados" e se dispor sempre a revisões. Por despir-se ao máximo de preconceitos na análise dos problemas e, na sua apreensão, esforçar-se por evitar deformações. Por negar a transferência da responsabilidade. Pela recusa a posições quietistas. Por segurança na argumentação. Pela prática do diálogo, e não da polêmica. Pela receptividade ao novo, não apenas porque novo, e pela não recusa ao velho, só porque velho, mas pela aceitação de ambos, enquanto válidos. Por se inclinar sempre a arguições.

Esta posição transitivamente crítica implica num retorno à matriz verdadeira da democracia. Daí ser esta transitividade crítica característica dos autênticos regimes democráticos e corresponder a formas de vida altamente permeáveis, interrogadoras, inquietas e dialogais, em oposição às formas de vida "mudas", quietas e discursivas, das fases rígidas e militarmente autoritárias, como infelizmente vivemos hoje, no recuo que sofremos e que os grupos

[25] É preciso, na verdade, não confundirmos certas posições, certas atitudes, certos gestos que se processam, em virtude da promoção econômica — posições, gestos, atitudes que se chamam tomada de consciência —, com uma posição crítica. A criticidade para nós implica a apropriação crescente pelo homem de sua posição no contexto. Implica a sua inserção, a sua integração, a representação objetiva da realidade. Daí a conscientização ser o desenvolvimento da tomada de consciência. Não será, por isso mesmo, algo apenas resultante das modificações econômicas, por grandes e importantes que sejam. A criticidade, como a entendemos, há de resultar de trabalho pedagógico crítico, apoiado em condições históricas propícias.

usurpadores do poder pretendem apresentar como um reencontro com a democracia.

A passagem da consciência preponderantemente intransitiva para a predominantemente transitivo-ingênua vinha paralela à transformação dos padrões econômicos da sociedade brasileira. Era passagem que se fazia automática. Conforme, realmente, se vinha intensificando o processo de urbanização e o homem vinha sendo lançado em formas de vida mais complexas e entrando, assim, num circuito maior de relações, passando a receber maior número de sugestões e desafios de sua circunstância, começava a se verificar nele a transitividade de sua consciência.

O que nos parecia importante afirmar é que o outro passo, o decisivo, da consciência dominantemente transitivo-ingênua para a dominantemente transitivo-crítica, ele não daria automaticamente, mas somente por efeito de um trabalho educativo crítico com esta destinação. Trabalho educativo advertido do perigo da massificação, em íntima relação com a industrialização, que nos era e é um imperativo existencial.

Merecia, na verdade, meditação de nossa parte, que estávamos participando de uma fase intensamente problemática da vida brasileira, as relações entre a massificação e a consciência transitivo-ingênua que, se distorcida no sentido de sua promoção à consciência transitivo-crítica, resvalaria para posições mais perigosamente míticas do que o teor mágico, característico da consciência intransitiva. Neste sentido, a distorção que conduz à massificação implica um incompromisso maior ainda com a existência do que o observado na intransitividade.

É que, à medida que o homem se comporta à base de maior dose de emocionalidade que de razão, no sentido que lhe dá Barbu,[26] o seu comportamento não resulta em compromisso porque se faz acomodadamente. O que caracteriza o comportamento comprometido é a capacidade de opção. Esta exige, como já salientamos, um teor de criticidade inexistente ou vagamente existente na consciência intransitiva. O incompromisso com a existência a que já nos referimos, característico da intransitividade, se manifesta, assim, numa dose maior de acomodação do homem do que de integração. Mas onde a dose de acomodação é ainda maior e o comportamento do homem se faz mais incomprometido é na massificação. Na medida, realmente, em que o homem, transitivando-se, não consegue a promoção da ingenuidade à criticidade, em termos obviamente preponderantes, e chega à transitividade fanática, seu incompromisso com a existência é ainda maior que o verificado no grau da intransitividade. É que o incompromisso da intransitividade decorre de uma obliteração no poder de captar a autêntica causalidade, daí o seu aspecto mágico. Na massificação há uma distorção do poder de captar que, mesmo na transitividade ingênua, já buscava a sua autenticidade. Por isso o seu aspecto *mítico*. Se o sentido mágico da intransitividade implica uma preponderância de alogicidade, o mítico de que se envolve a consciência fanática implica numa preponderância de irracionalidade. A possibilidade de diálogo se suprime ou diminui intensamente e o homem fica vencido e dominado sem sabê-lo, ainda que se possa crer livre. Teme a

---

[26] Barbu vê a razão como *the individual capacity to grasp the order in change, and the unity in variety.* Op. cit., p. 4.

liberdade, mesmo que fale dela. Seu gosto agora é o das fórmulas gerais, das prescrições, que ele segue como se fossem opções suas. É um conduzido. Não se conduz a si mesmo. Perde a direção do amor. Prejudica seu poder criador. É objeto e não sujeito. E para superar a massificação há de fazer, mais uma vez, uma reflexão. E dessa vez sobre sua própria condição de "massificado".

Daí a consciência transitivo-ingênua tanto poder evoluir para a transitivo-crítica, característica da mentalidade mais legitimamente democrática, quanto poder distorcer-se para esta forma rebaixativa, ostensivamente desumanizada, característica da massificação.

É a consciência fanatizada de Marcel.[27] Porém, à medida que, na fase de transição brasileira, o clima emocional se intensificava e o irracionalismo sectário, sobretudo de direita, se fortalecia, se fazia cada vez mais difícil uma educação capaz de corresponder a este fundamental desafio — o da ascensão da ingenuidade à criticidade. Robusteciam-se as barreiras contra esta educação.

Exatamente porque, significando esta ascensão uma inserção do homem na sua problemática e a sua capacidade de optar, as ameaças aos privilégios se fariam maiores, como maior a sua capacidade de rejeitar prescrições. E para o irracionalismo sectário surgia a humanização do homem como se fosse o seu contrário — a sua desumanização. E qualquer esforço neste sentido, como ação subversiva.

E o crime dos que se engajavam neste esforço era o de crerem no homem, cuja destinação não é coisificar-se, mas humanizar-se.

---

[27] Gabriel Marcel, *Los hombres contra lo humano*. Buenos Aires: Ed. Hochette, 1955.

Não vemos, por isso mesmo, lugar para eles, até que se amenize a virulência dos irracionalismos.

E tememos que muitos deles, incompreendidos e marginalizados, "ofendidos e humilhados", se afoguem no desespero. E percam, assim, o significado de seu papel diante do novo "recuo" que os esmaga.

2

Sociedade fechada e inexperiência democrática

No capítulo anterior, ao analisarmos a sociedade brasileira como uma sociedade em trânsito, referimo-nos às contradições que nos envolviam com os choques entre algo que se esvaziava e pretendia preservar-se e algo que emergia e buscava plenificar-se. Situamos a "sociedade fechada" brasileira colonial, escravocrata, sem povo, "reflexa", antidemocrática, como o ponto de partida de nossa fase de transição. Salientamos que esta, como um tempo anunciador, era o palco em que a nova época se engendrava na anterior.

Daí não ser possível compreender nem a transição mesma, com seus avanços e seus recuos, nem o seu sentido anunciador sem uma visão de ontem. Sem a apreensão, em suas raízes, no caso brasileiro, de uma de suas mais fortes marcas, sempre presente e sempre disposta a florescer, nas idas e vindas do processo: *a nossa inexperiência democrática*.

Interessa-nos, neste capítulo, analisar as linhas fundamentais desta marca, que vem sendo e continuará a ser um dos pontos de estrangulamento de nossa democratização. Não que lhe emprestemos uma força todo-poderosa e invencível, em virtude de que devêssemos ficar eternamente incapacitados ao exercício mais autêntico da democracia. O que não é possível, porém, é subestimá-la, lembrando-nos de uma advertência, aparentemente óbvia, mas absolutamente fundamental, de Barbu: *Mind in all its manifestations is never only what it is, but also what it was...*[28]

De um modo geral, os analistas de nossa formação histórico-cultural têm insistido direta ou indiretamente na nossa "inexperiência democrática". Na ausência, no tipo de formação que tivemos, daquelas condições necessárias à criação de um comportamento participante que nos tivesse levado à feitura de nossa sociedade com "nossas próprias mãos", o que caracteriza, para Tocqueville, a essência da própria democracia.[29]

Teria sido a experiência de autogoverno, de que sempre, realmente, nos distanciamos e quase nunca experimentamos, que nos teria propiciado um melhor exercício da democracia.

As condições estruturais de nossa colonização não nos foram, porém, favoráveis. Os analistas, sobretudo os de nossas instituições políticas, insistem na demonstração desta inexperiência. Inexperiência democrática enraizada em verdadeiros complexos culturais.

Realmente o Brasil nasceu e cresceu dentro de condições negativas às experiências democráticas.[30] O sentido marcante

---

[28] Zevedei Barbu, *Problems of Historical Psychology*. Londres: Routledge and Kegan Paul, 1960.

[29] Alexis de Tocqueville, *A democracia na América*. Belo Horizonte: Ed. Itatiaia, 1962.

[30] O Brasil nasceu e cresceu sem experiência de diálogo. De cabeça baixa, com receio da Coroa. Sem imprensa. Sem relações. Sem escolas. "Doente." Sem fala autêntica. Depois de uma citação latina, que termina com a palavra *infans*, diz Vieira num dos seus sermões: "Comecemos por esta última palavra, *infans*, infante, quer dizer o que não fala. Neste estado estava o menino Batista, quando a senhora o visitou, e neste estado estava o Brasil muitos anos que foi,

de nossa colonização, fortemente predatória, à base da exploração econômica do grande domínio, em que o "poder do senhor" se alongava "das terras às gentes também" e do trabalho escravo[31] inicialmente do nativo e posteriormente do africano, não teria criado condições necessárias ao desenvolvimento de uma mentalidade permeável, flexível, característica do clima cultural democrático, no homem brasileiro.

Referindo-se à "inexperiência política das camadas inferiores da população brasileira", adverte-nos Caio Prado de que "a economia nacional, e com ela a nossa organização social, assente como estava, numa larga base escravista, não comportava uma estrutura política democrática e popular.[32]

A nossa colonização foi, sobretudo, uma empreitada comercial. Os nossos colonizadores não tiveram — e dificilmente poderiam ter tido — intenção de criar, na terra descoberta, uma civilização. Interessava-lhes a exploração comercial da terra.

---

a meu ver, a maior ocasião de seus males. Como doente não pode falar, toda outra conjectura dificulta muito a medicina. Por isso Cristo nenhum enfermo curou com mais dificuldade, e em nenhum milagre gastou mais tempo, que em curar um endemoniado mudo; o pior acidente que teve o Brasil em sua enfermidade foi o tolher-se-lhe a fala: muitas vezes se quis queixar justamente, muitas vezes quis pedir os remédios de seus males, mas sempre lhe afogou as palavras na garganta, ou o respeito, ou a violência: e se alguma vez chegou algum gemido aos ouvidos de quem devera remediar, chegaram também as vozes do poder e venceram os clamores da razão." ("Sermão da visitação de Nossa Senhora, pregado quando da chegada do marquês de Montalvão, vice-rei do Brasil — Hospital da Misericórdia, Bahia." *Obras completas do Padre Antonio Vieira — Sermões.* Porto: Lelo & Irmãos Editores, 1959, v. III, p. 330). Alguns trechos do sermão foram citados antes do autor pelo professor Berlink.

31 "A força concentrou-se nas mãos dos senhores rurais. Donos da terra. Donos dos homens. Donos das mulheres. Suas casas representam este imenso poderio feudal." Gilberto Freyre, prefácio a *Casa-grande e senzala*, 8ª ed. Rio de Janeiro: José Olympio, 1954, p. 26.

32 Caio Prado, *Evolução política do Brasil e outros estudos*. São Paulo: Editora Brasiliense, 1966, p. 64.

Daí os anos em que ficou intocada, quase virgem da curiosidade ou da operosidade lusitanas. Desprezada e entregue às incursões gulosas de aventureiros. É que, diante do que lhes oferecia a magnificência oriental, nada tínhamos que pudesse ser comparado.

É que, também e por outro lado, à época da conquista a população de Portugal, sendo insignificantemente pequena, não lhe permitia projetos de povoamento.

Faltou aos colonos que para cá se dirigiram ânimo fundamental, que teria dado, possivelmente, outro sentido ao desenvolvimento de nossa colonização. Faltou-lhes *integração com a colônia*. Com a terra nova. Sua intenção preponderante era realmente a de explorá-la. A de ficar "sobre" ela. Não a de ficar nela e com ela. Integrados. Daí dificilmente virem animosos de trabalhá-la.[33] De cultivá-la.

Em uma de suas cartas, Nóbrega reclama contra este desamor à terra e o gosto de aqui enriquecerem e logo voltarem a Portugal, onde deixavam sua afeição.[34]

---

[33] Interessante a leitura do excelente estudo do professor brasileiro Viana Moog, "Bandeirantes e pioneiros", em que analisa as formações brasileira e norte-americana.

[34] "Esta terra não é tão pobre ainda agora, que dará muito desgosto aos oficiais de VA, que lá têm, muito gasto e pouco proveito de ir de cá maiormente aqueles que desejam mais irem de cá muitos navios carregados de ouro que para o céu muitas almas para Cristo, se se não remediar em parte VA mandar moradores que rompam e queiram bem à terra e com tirar oficiais tantos e de tantos ordenados, os quais não querem mais que acabar seu tempo e ganhando seus ordenados e terem alguma razão de irem importunar de VA. E como este é seu fim principal, não querem bem à terra, pois têm a sua afeição em Portugal, nem trabalhando tanto para favorecê-la como para se aproveitarem de qualquer maneira que puderem. Isto é geral, posto que entre eles haverá alguns fora desta regra." Padre Manuel da Nóbrega, *Cartas do Brasil e mais escritos*. Coimbra: Universidade de Coimbra, 1955, p. 114.

Mas, mesmo quando, ao se criarem novas condições e surgirem as contingências que passariam a exigir dos conquistadores mais do que simples feitorias comerciais, e sim o povoamento efetivo, de que resultaria uma maior integração do homem com a terra, o que se observou foi a tendência para procurarem os trópicos e neles se fixarem aqueles que dispusessem de meios que os fizessem "empresários de um negócio rendoso, mas só a contragosto como trabalhador" (Caio Prado).

Ao lado disto, e possivelmente em parte por causa desta tendência, marchou a nossa colonização no sentido da grande propriedade. Da fazenda. Do engenho. Fazenda e engenho, terras grandes, imensas terras, doadas às léguas a uma pessoa só, que se apossava delas e dos homens que vinham povoá-las e trabalhá-las.

Nas grandes propriedades separadas umas das outras, pelas próprias disposições legais, por léguas, não havia mesmo outra maneira de vida que não fosse a de se fazerem os "moradores" desses domínios, "protegidos" dos senhores. Tinham de se fazerem protegidos por eles, senhores todo-poderosos, das incursões predatórias dos nativos. Da violência arrogante dos trópicos. Das arremetidas até de outros senhores. Aí se encontram, realmente, as primeiras condições culturológicas em que nasceu e se desenvolveu no homem brasileiro o gosto, a um tempo de mandonismo e de dependência, de "protecionismo", que sempre floresce entre nós em plena fase de transição.

Naquelas condições referidas se encontram as raízes das nossas tão comuns soluções paternalistas. Lá, também, o "mutismo" brasileiro. As sociedades a que se nega o diálogo

— comunicação — e, em seu lugar, se lhes oferecem "comunicados", resultantes de compulsão ou "doação", se fazem preponderantemente "mudas". O mutismo não é propriamente inexistência de resposta. É resposta a que falta teor marcadamente crítico.[35]

Não há realmente, como se possa pensar em dialogação com a estrutura do grande domínio, com o tipo de economia que o caracterizava, marcadamente autárquico. A dialogação implica uma mentalidade que não floresce em áreas fechadas, autarquizadas. Estas, pelo contrário, constituem um clima ideal para o antidiálogo. Para a verticalidade das imposições. Para a ênfase e robustez dos senhores. Para o mandonismo. Para a lei dura feita pelo próprio "dono das terras e das gentes".[36]

Mesmo quando as relações humanas se façam, em certo aspecto, macias, de senhores para escravo, de nobre para plebeu, no grande domínio não há diálogo. Há paternalismo. Condescendência de adulto para "menor". Assim é que, em

[35] "Todo aparente espírito eleitoral que a massa revelava — as suas agitações — os seus tumultos, as suas violências e desrespeitos à autoridade — não partiam propriamente desta massa, não eram iniciativa dela — e, sim, da nobreza, sempre apaixonada, dos senhores rurais, que incitavam e as induziam à luta." Oliveira Viana, *Instituições políticas brasileiras*, 2ª ed. Rio de Janeiro: José Olympio, 1955, v. 1, p. 186.

[36] "Em verdade, diz-nos Rugendas em sua *Viagem pitoresca através do Brasil* (São Paulo: Liv. Martins, 1967, p.145), existem leis que impõem certos limites ao arbítrio e à cólera dos senhores, como por exemplo a que fixa o número de chicotadas que é permitido infligir, de uma vez, ao escravo, sem a intervenção da autoridade; entretanto, continua Rugendas, como já dissemos acima, essas leis não têm força e talvez mesmo sejam desconhecidas da maioria, afirma o visitante, as autoridades se encontram tão afastadas que, na realidade, o castigo do escravo por uma falta verdadeira ou imaginária, ou os maus-tratos resultantes dos caprichos e da crueldade do senhor, só encontram limites no medo de perder o escravo, pela morte ou pela fuga ou no respeito à opinião pública." Este último limite deveria ser realmente o mais frágil deles...

tais circunstâncias, surpreendidas por estudiosos de nossa formação, se fala de "bondade do senhor". De sua "compreensão humana". De sua "condescendência". Condescendência e bondade de alguns senhores, que atraíam muito negro de senhores duros.

A distância social existente e característica das relações humanas no grande domínio não permite a dialogação. O clima desta, pelo contrário, é o das áreas abertas. Aquele em que o homem desenvolve o sentido de sua participação na vida comum. A dialogação implica a responsabilidade social e política do homem. Implica um mínimo de consciência transitiva, que não se desenvolve nas condições oferecidas pelo grande domínio.

Não há autogoverno sem dialogação, daí ter sido entre nós desconhecido o autogoverno ou dele termos raras manifestações.

Nada, entre nós, de parecido com aquelas comunidades agrárias do estudo de Joaquim Costa, citado por Oliveira Viana.[37] "Toda a humanidade europeia, afirma o professor brasileiro, evoluiu, desde os seus primórdios, sob este regime de vivência política."

Entre nós, pelo contrário, o que predominou foi o mutismo do homem. Foi a sua não participação na solução dos problemas comuns. Faltou-nos, na verdade, com o tipo de colonização que tivemos, vivência comunitária. Oscilávamos entre o poder do senhor das terras e o poder do governador, do capitão-mor. A própria solidariedade aparentemente política do homem ao seu senhor, ao proprietário das terras,

[37] Joaquim Costa, "Coletivismo agrario en España", in O. Viana, op. cit., v. 1, cap. IV.

quando esta solidariedade se fez necessária com a importação da democracia política, era, antes de tudo, uma solidariedade aparentemente política. É que, em todo o nosso *background* cultural, inexistiam condições de experiência, de vivência da participação popular na coisa pública. Não havia povo.[38]

Não será exagero falar-se de um centro de gravitação de nossa vida privada e pública situado no poder externo, na autoridade externa. Do senhor das terras. Das representações do poder político. Dos fiscais da Coroa, no Brasil Colônia. Dos representantes do Poder Central, no Brasil Império. O que estas circunstâncias propiciavam ao povo era a introdução desta autoridade externa, dominadora; a criação de uma consciência hospedeira da opressão e não uma consciência livre e criadora, indispensável aos regimes autenticamente democráticos.

Realmente, repita-se, com o tipo de exploração econômica que caracterizou a nossa colonização, não teria sido possível a criação de uma vivência comunitária. Tudo nos levava à dispersão com a "propriedade sesmeira". Não podíamos, dentro destas circunstâncias, marchar para formas de vida democrática, que implicava um alto senso de participação nos problemas comuns. Senso que se "instala" na consciência do povo e se transforma em sabedoria democrática.

Nas circunstâncias de nossa colonização, de nosso povoamento, ao contrário, tudo nos levava a um fechamento,

---

[38] Na página 198 do seu já referido ensaio, em muitos aspectos interessante, citando Feijó, comenta o sr. Berlink: "Eu creio mesmo — dizia Feijó em 1838, quando a vontade de deturpar o Ato Adicional já assoberbara muitos homens públicos — que não haja uma eleição para juiz de paz; três ou quatro indivíduos atropelam tudo e fazem o que querem." Eudoro Berlink. *Fatores adversos na formação brasileira*. São Paulo: Ipsis, 1954.

extremamente individualista. "Cada família é uma república", afirma Vieira, citado por Oliveira Viana.[39]

Essas condições econômicas e as linhas de nossa colonização não poderiam, na verdade, permitir o surgimento de centros urbanos com uma classe média, fundada sobre lastro econômico razoável. Centros urbanos que fossem criados pelo povo e por ele governados, através de cuja experiência de governo fosse ele incorporando aquela sabedoria democrática a que chega o povo quando faz sua sociedade com suas próprias mãos.[40] Ao invés de centros urbanos assim feitos de baixo para cima, à base da solidariedade política a associar os grupos humanos em comunidades, o que nos teria ajudado no aprendizado de nossa sabedoria democrática, o que a história de nossas instituições políticas revela é o surgimento de núcleos urbanos nascidos de cima para baixo. Criados compulsoriamente, com suas populações arrebanhadas. Só uma vez ou outra nascidos com a força e vontade do povo. De estranhar seria, na verdade, que esses centros urbanos tivessem nascido sob impulso popular. Impulso do povo, a quem vinham faltando condições necessárias para tê-lo.

Como a possibilidade de vida urbana, democraticamente urbana, com o poderosismo econômico da grande

---

[39] O. Viana, op. cit., v. 1, p. 151.

[40] "Foi então uma sociedade quase sem outras formas ou expressões de status de homem ou família senão as extremas: senhor e escravo. O desenvolvimento de 'classes médias' ou intermediárias de 'pequena burguesia', de 'pequena' e de 'média indústria', de 'pequena e média agricultura' é tão recente, entre nós, sob formas notáveis, sequer consideráveis, que durante todo aquele período que vai do século XVI ao XIX seu estudo pode ser quase desprezado; e quase ignorada sua presença na História Social da Família Brasileira." Gilberto Freyre, *Sobrados e mucambos: decadência do patriarcado rural e desenvolvimento do urbano*, 2ª ed. Rio de Janeiro; São Paulo: José Olympio, 1951, v. 1, p. 52.

propriedade? Com a sua autarquização? A grande propriedade absorvente e asfixiante fazia girar tudo em torno de si.

Por outro lado, a enormidade das terras, a rala população de Portugal, dificultando tentativas de povoamento, o espírito comercial da colonização, de que decorreu imediatamente a insulação da nova terra, cerrada em si mesma,[41] sem relações a não ser com Portugal, fixariam a exploração da colônia, nas já citadas bases do trabalho escravo. Trabalho escravo de que haveria de decorrer uma série de obstáculos, de estrangulamentos à formação de uma mentalidade democrática. De uma consciência permeável. De experiência de participação. De autogoverno. A própria indigência dos centros urbanos, absorvidos e esmagados pela força da grande propriedade autarquizada, era um desses obstáculos.

Oliveira Viana chamou essa absorção esmagadora dos frágeis centros urbanos, pelo grande domínio, de "função desintegradora dos grandes domínios".[42] Nada escapava ao seu todo-poderosismo avassalador. Dentro da estrutura econômica do grande domínio, com o trabalho escravo, não teria sido possível um tipo de relações humanas que pudesse criar disposições mentais flexíveis capazes de levar o homem a formas de solidariedade que não fossem as exclusivamente privadas. Nunca, porém, as de solidariedade política. Condições culturais desfavoráveis à formação desta solidariedade, é claro, igualmente entre os "donos das terras e das gentes também". Não há dúvida, repitamos, de que

---

[41] As restrições às relações da colônia não se cingiam apenas às que poderia ter tido com o exterior — o que ameaçaria os interesses de Portugal —, mas também às que poderiam ter se realizado internamente, de capitania para capitania.

[42] O. Viana, op. cit., p. 149.

as disposições que esse clima favorecia se se desenvolvessem seriam antes e logicamente as de mandonismo, as do interesse privado sobrepondo-se ao público. As de submissão. As das mãos estendidas como igualmente as de distúrbios e ameaças, todas reveladoras do já assinalado mutismo nacional. "Quem chegou a ter título de senhor — diz-nos Antonil — parece que em todos quer dependência de servos." E mais adiante, combatendo a violência do feitor: "Aos feitores de nenhuma maneira se deve consentir em dar coices, principalmente nas barrigas das mulheres que andam pejadas, nem dar com os pés nos escravos, porque na cólera, se não medem os golpes, podem ferir mortalmente na cabeça a um escravo de préstimo."

Continuando a analisar as relações humanas no "engenho real", diz, mais adiante, o arguto Antonil: "No Brasil costumam dizer que, para o escravo, são necessários três P, a saber, pau, pão e pano. E posto que comecem mal, principiando pelo castigo que é o pau, contudo provera Deus que tão abundante fosse o comer e o vestir, como muitas vezes é o castigo dado por qualquer cousa pouco provada ou levantada [...]."[43]

Em verdade, o que caracterizou, desde o início, a nossa formação foi, sem dúvida, o poder exacerbado. Foi a robustez do poder em torno de que foi se criando um quase gosto masoquista[44] de ficar sob ele a que correspondia outro, o de se ser o todo-poderoso. Poder exacerbado a que foi se associando sempre submissão. Submissão de

[43] André João Antonil, *Cultura e opulência do Brasil por suas drogas e minas*. Divisão Cultural, 1963, p. 55.

[44] Gilberto Freyre, *Casa-grande e senzala*.

que decorria, em consequência, *ajustamento*, *acomodação*, e não *integração*.

A acomodação exige uma dose mínima de criticidade. A integração, pelo contrário, exige um máximo de razão e consciência. É o comportamento característico dos regimes flexivelmente democráticos. O problema do ajustamento e da acomodação se vincula ao do mutismo a que já nos referimos, como uma das consequências imediatas de nossa inexperiência democrática. Na verdade, no ajustamento, o homem não dialoga. Não participa. Pelo contrário, se acomoda a determinações que se superpõem a ele. As disposições mentais que criamos nestas circunstâncias foram assim disposições mentais rigidamente autoritárias. Acríticas.

"Ninguém se abalava a passar por soldado raso de guarda ou a ler um edital pregado à parede — são de Luccock as palavras — sem executar qualquer ato de respeito [...]." "Respeito que, a bem dizer — afirma Saint-Hilaire —, adquirem com o leite que mamavam", maneira irônica de se referir à herança cultural de nossa inexperiência democrática.

Esta foi, na verdade, a constante de toda a nossa vida colonial. Sempre o homem esmagado pelo poder. Poder dos senhores das terras. Poder dos governadores-gerais, dos capitães-gerais, dos vice-reis, do capitão-mor. Nunca, ou quase nunca, interferindo o homem na constituição e na organização da vida comum.

Sempre perdido na dispersão tremenda das terras imensas. Perdido e vencido por essas imensidades a que o tipo de colonização teria de levar, dificultando, assim, o desenvolvimento das aglomerações urbanas. Aglomerações urbanas em que teria exercitado, se florescidas desde o início de nossa colonização, sob o impulso da vontade popular, posições diferentes. Posições democráticas de que teriam nascido e se desenvolvido outras disposições mentais, e não as que se consubstanciaram e nos marcam ainda hoje.

Assim vivemos todo o nosso período de vida colonial. Pressionados sempre. Quase sempre proibidos de crescer. Proibidos de falar. A única voz, no silêncio a que éramos submetidos, que se poderia ouvir era a do púlpito. As restrições às nossas relações, até as internas, de capitania para capitania, eram as mais drásticas. Relações que, não há dúvida, nos teriam aberto possibilidades outras no sentido das indispensáveis trocas de experiências com que os grupos humanos se aperfeiçoam e crescem. Relações que vão levando os grupos humanos, pelas observações mútuas, a retificações e seguimento de exemplos. Somente o isolamento imposto à colônia, fechada nela mesma, e tendo por tarefa bastar as exigências e os interesses, cada vez mais gulosos, da metrópole, revelava claramente a verticalidade e a impermeabilidade antidemocrática da política da corte. Não nos importa discutir se outra poderia ter sido a política dos colonizadores — aberta, permeável, democrática. O que nos importa afirmar é que, com essa política de colonização, com seus moldes exageradamente tutelares, não poderíamos ter tido experiências democráticas. Em que pese alguns aspectos positivos, entre eles o da miscigenação, que predisporia o brasileiro para um tipo de "democracia étnica".

"De fato, afirma o sr. Berlink, neste país quase não tem havido aspirações democráticas: tal foi o carneirismo em que nos criou a metrópole portuguesa, tal foi o macaqueamento dos governantes de após independência, dos métodos — coloniais — que até hoje pode se afirmar que, no Brasil, as aspirações democráticas são incipientes..."[45]

Não se fale, por exemplo, como tentativa de negação de nossa inexperiência democrática, das coloniais Câmaras municipais, dos seus Senados, dos seus vereadores. Câmaras municipais e Senados em que tivesse o povo exercitado o governo de seus municípios. Não se fale dessas Câmaras e desses Senados precisamente porque, mais uma vez, o que a sua existência e o seu funcionamento revelam é, antes, a ausência de participação do homem comum na sua vida, no seu funcionamento.

Com a exclusão do homem comum do processo eletivo — não votava nem era votado —, proibida a ele qualquer ingerência, enquanto homem comum, nos destinos de sua comunidade, havia então de emergir uma classe de homens privilegiados que, estes sim, governassem a comunidade municipal. Esta era a classe dos chamados "homens bons", com "seus nomes insertos nos livros da nobreza, existentes nas Câmaras".

Eram os representantes da nobreza dos engenhos, dos poderosos da terra, dos "nobres de linhagem aqui chegados". Como era a classe dos novos-ricos da época — enriquecidos no comércio e promovidos à nobreza, já pelos seus serviços prestados à cidade, já pela sua conduta.

Ao lado, posto à margem, sem direitos cívicos, estava o homem comum, irremediavelmente afastado de qualquer experiência de autogoverno. De dialogação. Constantemente

[45] Eudoro Berlink, *Fatores adversos na formação brasileira*. São Paulo: Ipsis, 1954.

submetido. "Protegido." Capaz, na verdade, de algazarra, que é a "voz" dos que se tornam "mudos" na constituição e crescimento de suas comunidades, quando ensaiam qualquer reação. Nunca, porém, capaz de voz autêntica. De opção. Voz que o povo inexperimentado dela vai ganhando quando novas condições *faseológicas* vão surgindo e propiciando a ele os primeiros ensaios de dialogação. É o que vinha acontecendo a nós com a "rachadura" da sociedade brasileira, na fase anterior ao Golpe Militar. Estávamos assim "conformados" em um tipo de vida rigidamente autoritário, nutrindo-nos de experiências verticalmente antidemocráticas, em que se formavam e robusteciam sempre mais as nossas disposições mentais também e forçosamente antidemocráticas, quando circunstâncias especiais alteram o compasso de nossa vida colonial.

Forçado por essas circunstâncias, chega ao Rio de Janeiro, em 1808, d. João VI. Chega e instala-se com toda a sua corte que viria alterar intensamente os costumes, as formas de ser das gentes, não só do Rio de então, atrasada e suja cidade, mas de outros centros provinciais, estimulados pelos prazeres da vida, que a corte ostentava.

Não há dúvida de que a presença entre nós da família real, e mais do que isso, a instalação da sede do governo português no Rio de Janeiro, teria de provocar alterações profundas na vida brasileira. Alterações que, se de um lado poderiam trabalhar no sentido de propiciar ao homem brasileiro — pelo menos ao homem livre — novas condições com que pudesse realizar novas experiências, no sentido democrático, por outro lado, antagonicamente, reforçava as tradições verticalmente antidemocráticas. Desta forma, observou-se, com a chegada da corte portuguesa ao Brasil, nos princípios do século passado, o primeiro surto de reformas de que iria surgir, entre outros, o reforçamento do poder das "cidades, das indústrias ou atividades urbanas". O nascimento de escolas. De imprensa. De biblioteca. De ensino técnico.

São do sr. Gilberto Freyre, considerando o crescente poder das cidades face ao declínio do patriciado rural, estas palavras: "Com a chegada de d. João VI ao Rio de Janeiro, o patriciado rural, que se consolidara nas casas-grandes de engenho e de fazendas — as mulheres gordas fazendo doces, os homens muito anchos dos seus títulos e privilégios de sargento-mor e capitão, de seus púcaros, de suas esposas, e dos seus punhais de prata, de alguma colcha da Índia guardada na arca, dos muitos filhos legítimos e naturais espalhados pela casa e pela senzala —, começou a perder a sua majestade dos tempos coloniais. Majestade que a descoberta das minas, acrescenta, já vinha comprometendo."[46]

Esta transferência de poder ou de majestade do patriciado rural, consolidado nas "casas-grandes", para as cidades, então começando a tomar posição diferente — participante — na vida do país, porém, não significava ainda a participação do homem comum na sua comunidade. A grande força das cidades estava na burguesia que se fazia opulenta, enriquecendo no comércio e substituindo o todo-poderosismo do campo. Estaria também, e depois, nas ideias dos bacharéis, filhos dos campos, mas homens fortemente citadinos. Doutores formados na Europa e cujas ideias eram discutidas em nossas amplamente "analfabetizadas" províncias, como se fossem centros europeus.

---

[46] Gilberto Freyre, *Sobrados e mucambos: decadência do patriarcado rural e desenvolvimento do urbano.*

As alterações que se processaram, realmente grandes, não tinham nem podiam ter, ainda com a preservação do trabalho escravo, impedindo novos surtos de desenvolvimento, que o trabalho livre provocaria, força de promoção do "povo" daquele estado de assistencialização, a que fora sempre submetido, para o de, mesmo incipiente, participação.

Só a partir da "rachadura" da sociedade brasileira e de sua entrada na recente fase de transição, mais fortemente neste século, é que se pode falar de um ímpeto popular. De uma voz do povo, com a sua emersão.

Observou-se ainda, como consequência, ou como uma das dimensões deste surto de renovação e de alterações que o país sofreu, com a chegada da Corte, e em contradição com longínquas e tênues condições de democratização que, porventura, poderiam ter surgido com a vida das cidades, a europeização ou a reeuropeização do país, a que se aliou todo um conjunto de procedimentos antidemocráticos, a reforçar a nossa inexperiência democrática.

"[...] é que — afirma Gilberto Freyre — paralelo ao processo de europeização ou reeuropeização do Brasil que caracterizou, nas principais áreas do país, a primeira metade do século XIX, aguçou-se, entre nós, o processo já antigo, de opressão não só de escravos e servos por senhores, de africanos e indígenas por portadores exclusivistas da cultura europeia, agora encarnada principalmente nos moradores principais das cidades." E mais adiante, dando provas de até onde chegava esse todo-poderosismo: "O direito de galopar ou esquipar ou andar a trote pelas ruas da cidade repita-se que era exclusivo dos militares e milicianos. O de atravessá-la, montado senhorialmente a cavalo, era privilégio do homem vestido e calçado à europeia."

É este mesmo autor, referindo-se a aspectos da europeização e reeuropeização sobretudo do Recife, para ele mais "característica que qualquer outra cidade brasileira, exceção feita da metrópole (sob alguns aspectos atípica), do processo de reeuropeização da paisagem, da vida e da cultura brasileiras", quem afirma: "Assim, ficava proibido, na cidade do Recife, a partir de 10 de dezembro de 1831, fazer alguém 'vozerias e gritos pelas ruas', restrição que atingia em cheio os africanos e as suas expansões de caráter religioso ou simplesmente recreativo."[47]

Continuávamos, assim, a alimentar nossa inexperiência democrática e a dela nos alimentar. Com imposições. Com o desconhecimento de nossa realidade.

E seria sobre esta vasta inexperiência caracterizada por uma mentalidade feudal, alimentando-nos de uma estrutura econômica e social inteiramente colonial, que inauguraríamos a tentativa de um estado formalmente democrático.

Importamos a estrutura do estado nacional democrático, sem nenhuma prévia consideração a nosso contexto.

Posição típica ou atitude normal de alienação cultural. A de se voltar messianicamente para as matrizes formadoras ou para outras consideradas em nível superior ao seu, em busca de solução para seus problemas particulares, inadvertidos de que não existem soluções pré-fabricadas e rotuladas para estes ou aqueles problemas, inseridos nestas ou naquelas condições especiais de tempo ou de espaços culturais. Qualquer ação que se superponha ao problema

---

[47] Id., ibid., pp. 692-3; 688-9.

implica uma inautenticidade, por isso mesmo no fracasso da tentativa.

Importávamos o estado democrático não apenas quando não tínhamos nenhuma experiência de autogoverno, inexistente em toda a nossa vida colonial, mas também, e sobretudo, quando não tínhamos ainda condições capazes de oferecer ao "povo" inexperimentado circunstâncias ou clima para as primeiras experiências verdadeiramente democráticas. Superpúnhamos a uma estrutura economicamente feudal e a uma estrutura social em que o homem vivia vencido, esmagado e "mudo" uma forma política e social cujos fundamentos exigiam, ao contrário do mutismo, a dialogação, a participação, a responsabilidade, política e social. A solidariedade social e política, também, a que não poderíamos chegar, tendo parado, como paráramos, na solidariedade privada, revelada numa ou noutra manifestação como o "mutirão".

Onde buscarmos as condições de que tivesse emergido uma consciência popular democrática, permeável e crítica, sobre a qual se tivesse podido fundar autenticamente o mecanismo do estado democrático, messianicamente transplantado?

No nosso tipo de colonização à base de grande domínio? Nas estruturas feudais de nossa economia? No isolamento em que crescemos, até internamente? No todo-poderosismo dos senhores das "terras e das gentes"? Na força do capitão-mor? Do sargento-mor? Dos governadores-gerais? Na fidelidade à Coroa? Naquele gosto excessivo de "obediência", a que Saint-Hilaire se refere como sendo adquirido pelo leite mamado? Nos centros urbanos criados verticalmente? Nas proibições inúmeras à nossa indústria, à produção de tudo aquilo que afetasse os interesses da metrópole? Nos nossos anseios, às vezes até líricos, de liberdade, sufocados, porém, pela violência da metrópole?

Na educação jesuíta — a que muito devemos, realmente, mas em grande parte verbosa e superposta à nossa realidade?

Na inexistência de instituições democráticas? Na ausência de circunstâncias para o diálogo em que surgimos, em que crescemos? Na autarquização dos grandes domínios, asfixiando a vida das cidades? Nos preconceitos contra o trabalho manual, mecânico, decorrente da escravidão e que provocavam cada vez mais distância social entre os homens? Nas Câmaras e Senados municipais da colônia, vivendo de eleitos cujos nomes deviam estar inscritos nos livros da nobreza? Câmaras e Senados de que não podia participar o homem comum, enquanto homem comum? No descaso à educação popular a que sempre fomos relegados?

Onde as condições de que tivessem emergido e se nutrido disposições mentais críticas e, por isso mesmo, permeavelmente democráticas?

Na força das cidades, fundada no poderio de uma burguesia enriquecida no comércio, que substituiu o poder do patriciado rural em decadência?

Não, estas não eram condições que tivessem constituído aquele "clima cultural específico" ao surgimento dos regimes democráticos, referidos por Barbu. A democracia que, antes de ser forma política, é forma de vida, se caracteriza sobretudo por forte dose de transitividade de consciência no comportamento do homem. Transitividade que não nasce e nem se desenvolve a não ser dentro de certas condições em que o homem seja lançado ao debate, ao exame de seus problemas e dos problemas comuns. Em que o homem participe.

"Uma reforma democrática — afirma Zevedei Barbu — ou uma ação democrática em geral têm de ser feitas não só com o consentimento do povo, mas com suas próprias mãos. Isto é obviamente verdadeiro. Exige, todavia, certas qualificações. A fim de construir sua sociedade com 'suas mãos', os membros de um grupo devem possuir considerável experiência e conhecimento da coisa pública (*public administration*). Necessitam, igualmente, de certas instituições que lhes permitam participar na construção de sua sociedade. Necessitam, contudo, de algo mais do que isto, necessitam de uma específica disposição mental (*frame of mind*), isto é, de certas experiências, atitudes, preconceitos e crenças, compartilhados por todos ou por uma grande maioria."[48]

Entre nós, até antes da "rachadura" da sociedade brasileira que ofereceu as condições primeiras de participação, aconteceu exatamente o contrário. Era o alheamento do povo, a sua "assistencialização".

O que se pode afirmar é que, de modo geral, com algumas exceções, ou o povo ficava à margem dos acontecimentos ou a eles era levado quase sempre, mais como "algazarra" do que porque "falasse" ou tivesse voz. O povo assistiu à proclamação da República "bestificado": foi a afirmação de Aristides Lobo, repetida por todos. Bestificado vem assistindo aos mais recentes recuos do processo brasileiro. Talvez agora, no caso do recente Golpe Militar, já não tanto bestificado, mas começando a entender que os recuos estão se fazendo por causa dos seus avanços.

---

[48] Z. Barbu, *Democracy and Dictatorship*, p. 13.

Começando a entender que era a sua crescente participação nos acontecimentos políticos brasileiros que assustava as forças irracionalmente sectárias, ameaçadas nos seus privilégios com aquela participação.

Conservamo-nos "mudos" e quietos até quando começaram a surgir as primeiras alterações que afetaram o sistema de forças que mantinham a sociedade fechada em equilíbrio. Com a quebra desse equilíbrio, provocada por fatores internos e externos, como já salientamos no primeiro capítulo, rachou-se a sociedade, que entra então na fase de transição. Mais recuadamente, estas alterações tiveram início nos fins do século passado, quando das restrições no tráfico de escravos e, depois, com a abolição da escravatura. E isto porque capitais que se destinavam à compra de escravos se viram, de um momento para outro, sem destinação. Foram assim ou começaram a ser, aos poucos, empregados em atividades industriais incipientes. Desta forma, além do trabalho escravo supresso — o que daria início à nossa política de atração de imigrante para terras brasileiras, que viria ajudar o nosso desenvolvimento —, demos início às primeiras tentativas de "crescimento para dentro" em nossa economia.

"Em nenhuma época do século XIX — diz Fernando de Azevedo — depois da Independência se prepararam e se produziram acontecimentos tão importantes para a vida nacional como no último quartel deste século, em que se verificou o primeiro surto industrial, se estabeleceu uma política imigratória, se aboliu o regime da escravidão, se iniciou a organização de trabalho livre e se inaugurou, com a queda do Império, a experiência de um novo regime político [...]. No entanto — continua o mestre brasileiro —, o início do surto industrial em 1885, o vigoroso impulso civilizador devido à imigração, a supressão do regime da escravatura que, ainda quando realizado de repente, como nos Estados Unidos, coincide com um grande aumento da produção e a nova economia do trabalho livre contribuem para as transformações de estrutura econômica e social, que não podiam ficar sem seus efeitos sobre os hábitos e a mentalidade, sobretudo das populações urbanas."[49]

Mas foi exatamente neste século, na década de 1920 a 1930, após a Primeira Grande Guerra, e mais enfaticamente depois da Segunda, que o nosso surto de industrialização, em certo sentido desordenado, recebeu o seu grande impulso. E, com ele, o desenvolvimento crescente da urbanização que, diga-se de passagem, nem sempre vem revelando desenvolvimento industrial e crescimento em todas as áreas mais fortemente urbanizadas do país. Daí o surgimento de certos centros urbanos que, na expressão de um sociólogo brasileiro, revelam mais "inchação" que desenvolvimento.

Estas alterações — como salienta Fernando de Azevedo — teriam de refletir-se em toda a vida nacional. Juntar-se a outras tantas que se processavam no campo da cultura. No campo das artes. Da literatura. No campo das ciências, revelando uma nova inclinação: a da pesquisa. A da identificação com a realidade nacional, a do seu conhecimento. A da busca do planejamento, em substituição aos esquemas importados. Planejamento de que é exemplo o trabalho da

---

[49] Fernando de Azevedo, *A cultura brasileira: introdução ao estudo da cultura do Brasil*. Brasília: Universidade de Brasília, 1963, v. 3, pp. 115-7.

SUDENE (Superintendência do Desenvolvimento do Nordeste) sob a direção do economista Celso Furtado, até antes do Golpe Militar.

O país começava a encontrar-se consigo mesmo. Seu povo emerso iniciava as suas experiências de participação.

Tudo isso, porém, estava envolvido nos embates entre os velhos e novos temas.

A superação da inexperiência democrática por uma nova experiência, a da participação, está à espera, ela que se iniciara da superação também do clima de irracionalidade que vive hoje o Brasil, agravado pela situação internacional.

Até onde esse clima se supere sem ferir intensamente a linha que o processo parecia revelar, e sem provocar, por isso mesmo, formas mais graves de regressão e também de explosão maior, é cedo para afirmar-se.

É possível que a intensa emocionalidade, que gerou os irracionalismos sectários, possa provocar um novo caminho dentro do processo, que o conduza para uma menos rápida chegada a formas mais autênticas e humanas de vida para o homem brasileiro.

3

EDUCAÇÃO *VERSUS* MASSIFICAÇÃO

DIANTE DAS ANÁLISES FEITAS NOS CAPÍTULOS anteriores, preocupava-nos encontrar uma resposta no campo da pedagogia às condições da fase de transição brasileira. Resposta que levasse em consideração o problema do desenvolvimento econômico, o da participação popular neste mesmo desenvolvimento, o da inserção crítica do homem brasileiro no processo de "democratização fundamental", que nos caracterizava. Que não descurasse as marcas de nossa inexperiência democrática, de raízes histórico-culturais, em antinomia com a nova posição que o processo vinha exigindo do homem brasileiro.

Estávamos convencidos, e estamos, de que a contribuição a ser trazida pelo educador brasileiro à sua sociedade em "partejamento", ao lado dos economistas, dos sociólogos, como de todos os especialistas voltados para a melhoria dos seus padrões, haveria de ser a de uma educação crítica e criticizadora. De uma educação que tentasse a passagem da transitividade ingênua à transitividade crítica, somente como poderíamos, ampliando e alargando a capacidade de captar os desafios do tempo, colocar o homem brasileiro em condições de resistir aos poderes da emocionalidade da própria transição.

Armá-lo contra a força dos irracionalismos, de que era presa fácil na emersão que fazia, em posição transitivante ingênua.

Estávamos e estamos convencidos, com Lipset,[50] de que "o aumento da riqueza não está somente relacionado ao desenvolvimento da democracia para alterar as condições sociais dos trabalhadores; na realidade, ela atinge também a forma de estrutura social, que deixa de ser representada como um alongado triângulo para transformar-se num losango com uma classe média sempre crescente. A renda nacional relaciona-se sempre com os valores políticos e o estilo de vida da classe dominante. Tanto mais pobre seja uma nação, e mais baixos os padrões de vida das classes inferiores, maior será a pressão dos estratos superiores sobre elas, então consideradas desprezíveis, inatamente inferiores, na forma de uma casta de nenhum valor. As diferenças acentuadas no estilo de vida entre aquelas de cima e as de baixo apresentam-se como psicologicamente necessárias. Consequentemente, os mais altos estratos tendem a encarar os direitos políticos dos mais baixos, particularmente o de interferir no poder, como coisa absurda e imoral."

Na medida, porém, em que as classes populares emergem, descobrem e sentem esta visualização que delas fazem as elites, inclinam-se, sempre que podem, a respostas autenticamente agressivas. Estas elites, assustadas, na proporção em que se encontram na vigência de seu poder, tendem a fazer silenciar as massas populares, domesticando-as com a força ou soluções paternalistas. Tendem a travar o

---

[50] Apud Lourenço Filho.

processo, de que decorre a emersão popular, com todas as suas consequências.

Punha-se, desde já, um problema crucial na fase atual do processo brasileiro. O de conseguir o desenvolvimento econômico como suporte da democracia, de que resultasse a supressão do poder desumano de opressão das classes muito ricas sobre as muito pobres. E de coincidir o desenvolvimento com um projeto autônomo da nação brasileira.

O desenvolvimento,[51] envolvendo não apenas questões técnicas, ou de política puramente econômica, ou de reformas de estruturas, mas guardando em si, também, a passagem de uma para outra mentalidade. A da adesão à necessidade das reformas profundas, como fundamento para o desenvolvimento e, este, para a própria democracia. A questão estaria em que a emersão do povo e suas crescentes reivindicações, ampliando-se cada vez mais, não assustassem tanto a classe dos mais poderosos, para quem, repita-se Lipset, "os direitos políticos das classes mais baixas, particularmente o de interferir no poder [lhes parece] como essencialmente absurdo e imoral".

Quanto mais se falava nas necessidades das reformas, na ascensão do povo ao poder, em termos muitas vezes emocionais e com que se parecia desprezar totalmente a vigência do poder das "elites", como se tivessem elas descoberto já que ter privilégios não é só ter direitos, mas sobretudo deveres com a sua nação, mais se arregimentavam essas "elites", "irracionalmente", na defesa de privilégios inautênticos. Mais se agregavam em torno de seus interesses de grupo, que, no dizer de Anísio

[51] A este respeito, cf. Gunard Myrdal, *Solidariedad o desintegración*. México: Fondo de Cultura Económica, 1956.

Teixeira, "estão longe de se identificar com a nação. São antes a antinação".[52]

O clima de irracionalismo se exacerbava assim, dando surgimento àquelas posições sectárias, de todos os matizes, a que nos referimos no primeiro capítulo.

E grande parte do povo, emergente mas desorganizado, ingênuo e despreparado, com fortes índices de analfabetismo e semianalfabetismo, passava a joguete dos irracionalismos.

E a classe média, sempre em busca de ascensão e privilégios, temendo naturalmente sua proletarização, ingênua e emocionalizada, via na emersão popular, no mínimo, uma ameaça ao que lhe parecia sua paz. Daí a sua posição reacionária diante da emersão popular.

E quanto mais sentíamos que o processo brasileiro, no jogo cada vez mais aprofundado de suas contradições, marchava para posições irracionais e anunciava a instalação de seu novo recuo, mais parecia a nós imperiosa uma ampla ação educativa criticizadora.[53]

---

[52] "Revolução e educação". *Revista Brasileira de Estudos Pedagógicos*, v. 39, n. 90, abril-junho de 1963, p. 3.

[53] Queremos salientar que, ao criticarmos a educação inadequada às novas condições do processo brasileiro, estamos advertidos do fato de não dever ser encarada a educação ingenuamente, como algo milagroso, que por si fizesse as alterações necessárias à passagem da sociedade brasileira de uma para outra forma. Porém, o que não se pode negar à educação é a sua força instrumental, que inexistirá se superposta às condições do contexto a que se aplica. Vale dizer, por isso mesmo, que, sozinha, nada fará, porque, pelo fato de "estar sozinha", já não pode ser instrumental. Por isso, se insiste em não corresponder à dinâmica destas outras forças de transformação do contexto estrutural, se torna puramente ornamental e, mais uma vez, ininstrumental. Daí que não possa ser encarada "a educação como um valor absoluto, nem a escola uma instituição incondicionada", na afirmação correta do professor Costa Pinto, num dos mais recentes e lúcidos estudos brasileiros sobre Sociologia e Desenvolvimento. Cf. neste

Tínhamos de nos convencer desta obviedade: uma sociedade que vinha e vem sofrendo alterações tão profundas, e às vezes até bruscas, e em que as transformações tendiam a ativar cada vez mais o povo em emersão necessitava de uma reforma urgente e total no seu processo educativo. Reforma que atingisse a própria organização e o próprio trabalho educacional em outras instituições, ultrapassando os limites mesmos das estritamente pedagógicas.

Necessitávamos de uma educação para a decisão, para a responsabilidade social e política.

Neste sentido, faz Mannheim afirmações que se ajustavam às condições que começávamos a viver. Textualmente, diz ele: "Mas em uma sociedade na qual as mudanças mais importantes se produzem por meio da deliberação coletiva e onde as revalorações devem basear-se no consentimento e na compreensão intelectual, se requer um sistema completamente novo de educação; um sistema que concentre suas maiores energias no desenvolvimento de nossos poderes intelectuais e dê lugar a uma estrutura mental capaz de resistir ao peso do ceticismo e de fazer frente aos movimentos de pânico quando soe a hora do desaparecimento de muitos dos nossos hábitos mentais."[54]

Se não vivíamos ainda, na verdade, uma fase, como de resto já ressaltamos, em que as "mudanças mais importantes

---

sentido, também, João Roberto Moreira, *Educação e desenvolvimento no Brasil*. Rio de Janeiro: Centro Latino-americano de Pesquisas em Ciências Sociais, 1960; e "Hipóteses e diretrizes para o estudo das resistências à mudança social, tendo em vista a educação e a instrução pública como condições ou fatores". *Revista da Associação Pedagógica de Curitiba*. Paraná: 1959.

[54] Karl Mannheim, *Diagnóstico de nuestro tiempo*. México: Fondo de Cultura Económica, 1944, pp. 31-2.

se fizessem por meio da deliberação coletiva", o crescente ímpeto popular nos levaria a este ponto, desde que não houvesse involução nele que o deformasse, fazendo-o mais emocional que crítico.

Parecia-nos, deste modo, que, das mais enfáticas preocupações de uma educação para o desenvolvimento e para a democracia, entre nós, haveria de ser a que oferecesse ao educando instrumentos com que resistisse aos poderes do "desenraizamento" de que a civilização industrial a que nos filiamos está amplamente armada.[55] Mesmo que armada igualmente esteja ela de meios com os quais vem crescentemente ampliando as condições de existência do homem.[56]

Uma educação que possibilitasse ao homem a discussão corajosa de sua problemática. De sua inserção nesta problemática. Que o advertisse dos perigos de seu tempo, para que, consciente deles, ganhasse a força e a coragem de lutar, em vez de ser levado e arrastado à perdição de seu

---

[55] Cf. Peter Drucker, *La nueva sociedad*. Buenos Aires: Editorial Sudamericana, 1954.

[56] A produção em série, como organização de trabalho humano, é, possivelmente, dos mais instrumentais fatores de massificação do homem no mundo altamente técnico atual. Ao exigir dele comportamento mecanizado pela repetição de um mesmo ato, com que realiza uma parte apenas da totalidade da obra, de que se desvincula, "domestica-o". Não exige atitude crítica total diante de sua produção. Desumaniza-o. Corta-lhe os horizontes com a estreiteza da especialização exagerada. Faz dele um ser passivo. Medroso. Ingênuo. Daí a sua grande contradição: a ampliação das esferas de participação e o perigo de esta ampliação sofrer distorção com a limitação da criticidade, pelo especialismo exagerado na produção em série. A solução, na verdade, não pode estar na defesa de formas antiquadas e inadequadas ao mundo de hoje, mas na aceitação da realidade e na solução objetiva de seus problemas. Nem pode estar na nutrição de um pessimismo ingênuo e no horror à máquina, mas na humanização do homem.
Apreciamos as análises de Mounier, neste sentido (*Sombras de medo sobre o século XX*. Rio de Janeiro: Agir, 1958).

próprio "eu", submetido às prescrições alheias. Educação que o colocasse em diálogo constante com o outro. Que o predispusesse a constantes revisões. À análise crítica de seus "achados". A uma certa rebeldia, no sentido mais humano da expressão. Que o identificasse com métodos e processos científicos.

Não podíamos compreender, numa sociedade dinamicamente em fase de transição, uma educação que levasse o homem a posições quietistas em vez daquela que o levasse à procura da verdade em comum, "ouvindo, perguntando, investigando". Só podíamos compreender uma educação que fizesse do homem um ser cada vez mais consciente de sua transitividade, que deve ser usada, tanto quanto possível, criticamente ou com acento cada vez maior de racionalidade.[57]

A própria essência da democracia envolve uma nota fundamental, que lhe é intrínseca — a mudança. Os regimes democráticos se nutrem na verdade de termos em mudança constante. São flexíveis, inquietos, e devido a isso mesmo deve corresponder ao homem desses regimes maior flexibilidade de consciência.[58]

A falta desta permeabilidade parece vir sendo dos mais sérios descompassos dos regimes democráticos atuais, pela ausência, dela decorrente, de correspondência entre o sentido da mudança, característico não só da

---

[57] Ao usarmos a expressão racionalidade ou racionalismo, fazemos nossas as palavras de Popper: "O que chamo de verdadeiro racionalismo é o racionalismo de Sócrates. É a consciência das próprias limitações, a modéstia intelectual dos que sabem quantas vezes erram e quanto dependem dos outros até para esse conhecimento." Karl Popper, op. cit.

[58] Cf. Z. Barbu, *Democracy and Dictatorship*.

democracia, mas da civilização tecnológica, e uma certa rigidez mental do homem que, massificando-se, deixa de assumir postura conscientemente crítica diante da vida. Excluído da órbita das decisões, cada vez mais adstritas a pequenas minorias, é comandado pelos meios de publicidade, a tal ponto que em nada confia ou acredita se não ouviu no rádio, na televisão, ou se não leu nos jornais.[59]

Daí a sua identificação com formas míticas de explicação do seu mundo. Seu comportamento é o do homem que perde dolorosamente o seu endereço. É o homem desenraizado.

Sentíamos, igualmente, que estava a nossa democracia em aprendizagem, sob certo aspecto, o histórico-cultural, fortemente marcada por descompassos nascidos de nossa inexperiência do autogoverno. Por outro, ameaçada pelo risco de não ultrapassar a transitividade ingênua, a que não seria capaz de oferecer ao homem brasileiro, nitidamente, a apropriação do sentido altamente mutável da sua sociedade e do seu tempo. Mais ainda, não lhe daria, o que é pior, a convicção de que participava das mudanças de sua sociedade. Convicção indispensável ao desenvolvimento da democracia.

Duplamente importante se nos apresentava o esforço de reformulação de nosso agir educativo, no sentido da autêntica democracia. Agir educativo que, não esquecendo ou desconhecendo as condições culturológicas de nossa formação paternalista, vertical, por tudo isso antidemocrática, não esquecesse também, e sobretudo, as condições novas da atualidade. De resto, condições propícias ao desenvolvimento de nossa mentalidade democrática, se não fossem distorcidas pelos irracionalismos. E isto porque, às épocas de mudanças

[59] Cf. Wright Mills, *A elite do poder.* Rio de Janeiro: Jorge Zahar, 1962.

aceleradas, vem correspondendo uma maior flexibilidade na compreensão possuída pelo homem, que o pode predispor a formas de vida mais plasticamente democráticas.[60]

E o Brasil estava incontestavelmente vivendo uma fase assim, nos seus grandes e médios centros, de que porém se refletiam para centros menores e mais atrasados influências renovadoras, através do rádio, do cinema, da televisão, do caminhão, do avião. Fase em que à transitividade da consciência se associava o fenômeno da rebelião popular.[61] Sintoma, por sinal, dos mais promissores da nossa vida política. Acrescentemos porém que, ao não só defendermos, mas até enaltecermos o processo de rebelião do homem brasileiro, não estávamos nem mesmo longinquamente pretendendo uma posição espontaneísta para essa rebelião. Entendíamos a rebelião como um sintoma de ascensão, como uma introdução à plenitude. Por isso mesmo é que nossa simpatia pela rebelião não poderia ficar nunca nas suas manifestações preponderantemente passionais. Pelo contrário, nossa simpatia estava somada a um profundo senso de responsabilidade que sempre nos levou a lutar pela promoção inadiável da ingenuidade em criticidade. Da rebelião em inserção.

Cada vez mais nos convencíamos ontem e estamos convencidos hoje de que, para tal, teria o homem brasileiro de

[60] Cf. Z. Barbu, *Democracy and Dictatorship.*

[61] A rebelião se manifesta por um conjunto de disposições mentais ativistas, nascidas dos novos estímulos, característicos da sociedade em aprendizado da "abertura". A emersão um tanto brusca feita pelo povo do seu estado anterior de imersão, em que não realizara experiências de participação, deixa-o mais ou menos atônito diante das novas experiências a que é levado: as de participação. A rebelião é fartamente ingênua e, por isso mesmo, carregada de teor emocional. Daí a necessidade de ser transformada em inserção. Fundamental a leitura de Zevedei Barbu, *Problems of Historical Psychology.*

ganhar a sua responsabilidade social e *política*, *existindo* essa responsabilidade. Participando. Ganhando cada vez maior ingerência nos destinos da escola do seu filho. Nos destinos do seu sindicato. De sua empresa, através de agremiações, de clubes, de conselhos. Ganhando ingerência na vida do seu bairro, de sua igreja. Na vida de sua comunidade rural, pela participação atuante em associações, em clubes, em sociedades beneficentes.

Assim, iríamos ajudando o homem brasileiro, no clima cultural da fase de transição, a aprender democracia com a própria existência desta.

Na verdade, se há saber que só se incorpora ao homem experimentalmente, existencialmente, este é o saber democrático.

Saber que pretendemos, às vezes, os brasileiros, na insistência de nossas tendências verbalistas, transferir ao povo nocionalmente. Como se fosse possível dar aulas de democracia e, ao mesmo tempo, considerarmos como "absurda e imoral" a participação do povo no poder.

Daí a necessidade de uma educação corajosa, que enfrentasse a discussão com o homem comum, de seu direito àquela participação.

De uma educação que levasse o homem a uma nova postura diante dos problemas de seu tempo e de seu espaço. A da intimidade com eles. A da pesquisa em vez da mera, perigosa e enfadonha repetição de trechos e de afirmações desconectadas das suas condições mesmas de vida. A educação do "eu me maravilho" e não apenas do "eu fabrico". A da vitalidade em vez daquela que insiste na transmissão do que Whitehead chama de *inert ideas:*[62] "Ideias inertes, quer dizer, ideias que a mente se limita a

[62] Alfred North Whitehead, *The Aims of Education and Other Essays*. Dublin: Mentor Books, 1951, pp. 1-2.

receber sem que as utilize, verifique ou as transforme em novas combinações."

Não há nada que mais contradiga e comprometa a emersão popular do que uma educação que não jogue o educando às experiências do debate e da análise dos problemas e que não lhe propicie condições de verdadeira participação. Vale dizer, uma educação que longe de se identificar com o novo clima para ajudar o esforço de democratização, intensifique a nossa inexperiência democrática, alimentando-a.

Educação que se perca no estéril bacharelismo, oco e vazio. Bacharelismo estimulante da palavra "fácil". Do discurso verboso.

Quase sempre, ao se criticar esse gosto da palavra oca, da verbosidade, em nossa educação, se diz dela que seu pecado é ser "teórica". Identifica-se assim, absurdamente, teoria com verbalismo. De teoria, na verdade, precisamos nós. De teoria que implica uma inserção na realidade, num contato analítico com o existente, para comprová-lo, para vivê-lo e vivê-lo plenamente, praticamente. Neste sentido é que teorizar é contemplar. Não no sentido distorcido que lhe damos, de oposição à realidade. De abstração. Nossa educação não é teórica porque lhe falta esse gosto da comprovação, da invenção, da pesquisa. Ela é verbosa. Palavresca. É "sonora". É "assistencializadora". Não comunica. Faz comunicados, coisas diferentes.

Entre nós, repita-se, a educação teria de ser, acima de tudo, uma tentativa constante de mudança de atitude. De criação de disposições democráticas através da qual se substituíssem, no brasileiro, antigos e culturológicos hábitos de passividade por novos hábitos de participação e ingerência, de acordo com o novo clima da fase de transição. Aspecto este já afirmado por nós várias vezes e reafirmado com a mesma força com que muita coisa considerada óbvia precisa, neste país, ser realçada. Aspecto importante de nosso agir educativo, pois, se faltaram condições no nosso passado histórico-cultural, que nos tivessem dado, como a outros povos, uma constante de hábitos solidaristas, política e socialmente, que nos fizessem menos inautênticos dentro da forma democrática de governo, restava-nos, então, aproveitando as condições novas do clima atual do processo, favoráveis à democratização, apelar para a educação como ação social, através da qual se incorporassem ao brasileiro estes hábitos.

O nosso grande desafio, por isso mesmo, nas novas condições da vida brasileira, não era só o alarmante índice de analfabetismo e a sua superação. Não seria a exclusiva superação do analfabetismo que levaria a rebelião popular à inserção. A alfabetização puramente mecânica. O problema para nós prosseguia e transcendia a superação do analfabetismo e se situava na necessidade de superarmos também a nossa inexperiência democrática. Ou tentarmos simultaneamente as duas coisas.

Não seria, porém, com essa educação desvinculada da vida, centrada na palavra,[63] em que é altamente rica, mas na palavra "milagrosamente" esvaziada da realidade que deveria representar, pobre de atividades com que o educando

[63] Neste sentido, cf. as excelentes observações de Fromm sobre alienação da linguagem, em *Marx y su concepto del hombre* (México: Fondo de Cultura Económica, 1962, p. 57): [...] *Hay que tener en cuenta siempre* — diz ele — *el peligro de la palabra hablada, que amenaza con sustituir a la experiencia vivida.*

ganhe a experiência do fazer, que desenvolveríamos no brasileiro a criticidade de sua consciência, indispensável à nossa democratização.

Nada ou quase nada existe em nossa educação que desenvolva no nosso estudante o gosto da pesquisa, da constatação, da revisão dos "achados" — o que implicaria o desenvolvimento da consciência transitivo-crítica. Pelo contrário, a sua perigosa superposição à realidade intensifica no nosso estudante a sua consciência ingênua.

A própria posição da nossa escola, de modo geral acalentada ela mesma pela sonoridade da palavra, pela memorização dos trechos, pela desvinculação da realidade, pela tendência a reduzir os meios de aprendizagem às formas meramente nocionais, já é uma posição caracteristicamente ingênua.[64]

Cada vez mais nos convencemos, aliás, de se encontrarem na nossa inexperiência democrática as raízes deste nosso gosto da palavra oca. Do verbo. Da ênfase nos discursos. Do torneio da frase. É que toda esta manifestação oratória, quase sempre também sem profundidade, revela, antes de tudo, uma atitude mental. Revela ausência de permeabilidade

[64] Duas gerações de educadores brasileiros, a cujo esforço se vem juntando o de sociólogos preocupados com a educação, vêm insistindo, em ensaios e artigos publicados em revistas especializadas (entre elas a *Revista Brasileira de Estudos Pedagógicos*), neste aspecto.

E vêm insistindo, com idas e vindas, na objetivação de suas ideias, dentro da perspectiva de uma educação nova, hoje cada vez mais voltada para o desenvolvimento. Anísio Teixeira, Fernando de Azevedo, Lourenço Filho, Carneiro Leão e outros, entre os mais velhos. Roberto Moreira, Artur Rios, Lauro de Oliveira Lima, Paulo de Almeida Campos, Florestan Fernandes (sobretudo sociólogo), Guerreiro Ramos (sociólogo) e outros, entre os mais jovens.

Sem se falar nas incursões neste tema, muitas delas lúcidas e importantes, que vêm sendo feitas por economistas brasileiros. Em que pese todo esse esforço, a tônica ainda vem sendo a referida no texto, apesar das exceções isoladas.

característica da consciência crítica. E é precisamente a criticidade a nota fundamental da mentalidade democrática.

Quanto mais crítico um grupo humano, tanto mais democrático, e permeável, em regra. Tanto mais democrático quanto mais ligado às condições de sua circunstância. Tanto menos experiências democráticas que exigem dele o conhecimento crítico de sua realidade, pela participação nela, pela sua intimidade com ela, quanto mais superposto a essa realidade e inclinado a formas ingênuas de encará-la. A formas ingênuas de percebê-la. A formas verbosas de representá-la. Quanto menos criticidade em nós, tanto mais ingenuamente tratamos os problemas e discutimos superficialmente os assuntos. Esta nos parecia uma das grandes características de nossa educação. A de vir enfatizando cada vez mais em nós posições ingênuas, que nos deixam sempre na periferia de tudo o que tratamos. Pouco, ou quase nada, que nos leve a posições mais indagadoras, mais inquietas, mais criadoras. Tudo, ou quase tudo, nos levando, desgraçadamente, pelo contrário, à passividade, ao "conhecimento" memorizado apenas, que, não exigindo de nós elaboração ou reelaboração, nos deixa em posição de inautêntica sabedoria.

À nossa cultura fixada na palavra[65] corresponde a nossa inexperiência do diálogo, da investigação, da pesquisa, que, por sua vez, está intimamente ligada à criticidade, nota fundamental da mentalidade democrática.

Por outro lado, somente de algum tempo para cá, se vinha sentindo a preocupação em nos fazermos identificados com nossa realidade, em caráter sistemático. Era o clima da transição.

---

[65] Cf. Fernando de Azevedo, *A cultura brasileira: introdução ao estudo da cultura do Brasil*. Uma das melhores obras nesse sentido, se não a melhor, já publicadas no Brasil.

Daí a nossa insistência no aproveitamento deste clima. E, a partir dele, tentarmos o esvaziamento de nossa educação de suas manifestações ostensivamente palavrescas. A superação de posições reveladoras de descrença no educando. Descrença no seu poder de fazer, de trabalhar, de discutir. Ora, a democracia e a educação democrática se fundam ambas, precisamente, na crença no homem. Na crença em que ele não só pode mas deve discutir os seus problemas. Os problemas do seu país. Do seu continente. Do mundo. Os problemas do seu trabalho. Os problemas da própria democracia.

A educação é um ato de amor e, por isso, um ato de coragem. Não pode temer o debate. A análise da realidade. Não pode fugir à discussão criadora, sob pena de ser uma farsa.

Como aprender a discutir e a debater com uma educação que impõe?

Ditamos ideias. Não trocamos ideias. Discursamos aulas. Não debatemos ou discutimos temas. Trabalhamos *sobre* o educando. Não trabalhamos *com* ele. Impomos-lhe uma ordem a que ele não adere, mas se acomoda. Não lhe propiciamos meios para o pensar autêntico, porque, recebendo as fórmulas que lhe damos, simplesmente as guarda. Não as incorpora porque a incorporação é o resultado de busca de algo que exige, de quem o tenta, esforço de recriação e de procura. Exige reinvenção.

Não seria possível, repita-se, com uma educação assim, formarmos homens que se integrassem neste impulso de democratização. E não seria possível porque esta educação contradizia este impulso e enfatizava nossa inexperiência democrática. Educação em antinomia com a emersão do povo na vida pública brasileira.

E isso em todos os seus graus — no da primária; no da média; no da universitária. Esta última desenvolvendo um esforço digno de nota, em algumas regiões do país, na formação de quadros técnicos, de profissionais, de pesquisadores, de cientistas, a quem vem faltando, porém, lamentavelmente, uma visão da problemática brasileira.

Em nosso caso, assim como não podemos perder a batalha do desenvolvimento, a exigir, rapidamente, a ampliação de nossos quadros técnicos de todos os níveis (a mão de obra qualificada do país é de 20% apenas), não podemos perder a batalha da humanização do homem brasileiro.

Daí a necessidade que sentíamos e sentimos de uma indispensável visão harmônica entre a posição verdadeiramente humanista, mais e mais necessária ao homem de uma sociedade em transição como a nossa, e a tecnológica. Harmonia que implicasse a superação do falso dilema humanismo-tecnologia e que, quando da preparação de técnicos para atender ao nosso desenvolvimento, sem o qual feneceremos, não fossem eles deixados, em sua formação, ingênua e acriticamente, postos diante de problemas outros que não os de sua especialidade.[66]

---

[66] Sir Richard Livingston, em *Some Thoughts on University Education* (Cambridge: Cambridge University Press, 1948), adverte-nos deste perigo, sugerindo uma educação técnica e específica que não oblitere a visão total do homem.
Educação que lhe dê visão geral de um mundo que, sendo maior do que "fórmulas" — acrescentamos nós —, não deve a elas ser simplesmente reduzido.
"Se concordamos em que o animal é um especialista — diz-nos Maritain em *La educación en este momento crucial* (Bilbau: Desclée de Brouwer, 1950, p. 39) —, e especialista perfeito, já que toda a sua capacidade de conhecer está limitada a executar uma função determinadíssima, haveremos de concluir que um programa de educação que aspirasse só a formar especialistas cada vez mais perfeitos em domínios cada vez mais especializados, e incapaz de dar um juízo sobre um assunto qualquer que estivesse fora da matéria de sua especialização, conduziria, sem dúvida, a uma animalização progressiva do espírito e da vida humana."

Dois empenhos, da mais alta importância, da educação universitária e pós-universitária, merecem referência especial. O do Instituto Superior de Estudos Brasileiros — ISEB — e o da Universidade de Brasília. Ambos frustrados pelo Golpe Militar. Compreender o seu papel implica apreender o significado desta realidade: o ISEB foi um momento do despertar da consciência nacional, que se prolonga à Universidade de Brasília.

Até o ISEB, a consciência dos intelectuais brasileiros ou da grande maioria daqueles que pensavam e escreviam dentro do Brasil tinha como ponto de referência tanto para o seu pensar como para a própria avaliação do seu pensar a realidade do país como um objeto do pensar europeu e depois norte-americano. Pensar o Brasil, de modo geral, era pensar sobre o Brasil de um ponto de vista não brasileiro. Julgava-se o desenvolvimento cultural do Brasil segundo critérios e perspectivas nos quais o país era necessariamente um elemento estrangeiro. É evidente que este era fundamentalmente um modo de pensar alienado. Daí a impossibilidade de um engajamento resultante deste pensar. O intelectual sofria de uma nostalgia. Vivia mais uma realidade imaginária, que ele não podia transformar. Dando as costas a seu próprio mundo, enojado dele, sofria por não ser o Brasil idêntico ao mundo imaginário em que vivia. Por não ser o Brasil a Europa ou os Estados Unidos. Na verdade, introjetando a visão europeia do Brasil como país atrasado, negava o Brasil e buscava refúgio e segurança na erudição sem o Brasil verdadeiro, e, quanto mais queria ser um homem de cultura, menos queria ser brasileiro. O ISEB, que refletia o clima de desalienação característico da fase de trânsito, era a negação desta negação, exercida em nome da necessidade de pensar o Brasil como realidade própria, como problema principal, como projeto. Pensar o Brasil como sujeito era assumir a realidade do Brasil como efetivamente era. Era identificar-se com o Brasil como Brasil. A força do pensamento do ISEB tem origem nesta identificação, nesta integração. Integração com a realidade nacional agora valorizada, porque descoberta, e, porque descoberta, capaz de fecundar, de forma surpreendente, a criação do intelectual que se põe a serviço da cultura nacional. Desta integração decorreram duas consequências importantes: a força de um pensamento criador próprio e o compromisso com o destino da realidade pensada e assumida. Não foi por acaso que o ISEB, não sendo uma universidade, foi escutado por toda uma geração universitária, e não sendo um organismo de classe, fazia conferências em sindicatos.

Esta forma de pensar o Brasil como sujeito que levava a uma necessária integração com a realidade nacional vai caracterizar a ação da Universidade de Brasília, que, fugindo obviamente à importação de modelos alienados, busca um saber autêntico, por isso comprometido. Sua preocupação não era, assim, a de formar bacharéis verbosos, nem a de formar técnicos tecnicistas. Inserindo-se cada vez mais na realidade nacional, sua preocupação era contribuir para a transformação da realidade, à base de uma verdadeira compreensão do seu processo.

Sua influência e a do ISEB pode ser compreendida como resultado da identificação com o despertar da consciência nacional, que avança em busca da conquista do Brasil como tarefa de transformação. Neste sentido, a mensagem de ambos continua, como continua a tarefa do intelectual e da juventude brasileira. Do povo brasileiro.

4

Educação e conscientização

Preocupados com a questão da democratização da cultura, dentro do quadro geral da democratização fundamental, tínhamos necessariamente de dar atenção especial aos déficits quantitativos e qualitativos de nossa educação.

Estes déficits, realmente alarmantes, constituem óbices ao desenvolvimento do país e à criação de uma mentalidade democrática. São termos contraditórios ao ímpeto de sua emancipação.

O número de crianças em idade escolar sem escola, aproximadamente 4 milhões, e o de analfabetos, a partir da faixa etária de catorze anos, 16 milhões, a que se junta a inadequação de nossa educação, já referida, falam por si.

Há mais de quinze anos vínhamos acumulando experiências no campo da educação de adultos, em áreas proletárias e subproletárias, urbanas e rurais.

Surpreendêramos a apetência educativa das populações urbanas, associada diretamente à transitividade de sua consciência, e certa inapetência das rurais, ligada à intransitividade de sua consciência. Hoje, em algumas destas áreas, já em mudança.

Sempre confiáramos no povo. Sempre rejeitáramos fórmulas doadas. Sempre acreditáramos que tínhamos algo a permutar com ele, nunca exclusivamente a oferecer-lhe.

Experimentáramos métodos, técnicas, processos de comunicação. Superamos procedimentos. Nunca, porém, abandonamos a convicção que sempre tivemos, de que só nas bases populares, e com elas, poderíamos realizar algo de sério e autêntico para elas. Daí jamais admitirmos que a democratização da cultura fosse a sua vulgarização, ou, por outro lado, a doação ao povo do que formulássemos nós mesmos, em nossa biblioteca, e que a ele entregássemos como prescrições a serem seguidas.

Estávamos convencidos, com Mannheim, de que "à medida que os processos de democratização se fazem gerais, se faz também cada vez mais difícil deixar que as massas permaneçam em seu estado de ignorância".[67] Referindo-se a este estado de ignorância, não se cingiria Mannheim, apenas, ao analfabetismo, mas à inexperiência de participação e ingerência delas, a serem substituídas pela participação crítica, uma forma de sabedoria. Participação em termos críticos, somente como poderia ser possível a sua transformação em povo, capaz de optar e decidir.

Experiências mais recentes, de há cinco anos, no Movimento de Cultura Popular do Recife, nos levaram ao amadurecimento de convicções que vínhamos tendo e alimentando, desde quando, jovem ainda, iniciáramos relações com proletários e subproletários, como educador.

---

[67] Karl Mannheim, *Libertad y planificación*. México: Fondo de Cultura Económica, 1942, p. 50.

Coordenávamos, naquele movimento, o Projeto de Educação de Adultos, através do qual lançáramos duas instituições básicas de educação e de cultura popular: o Círculo de Cultura e o Centro de Cultura.[68]

Na primeira, instituíramos debates de grupo, ora em busca do aclaramento de situações, ora em busca de ação mesma, decorrente do aclaramento das situações.

A programação desses debates nos era oferecida pelos próprios grupos, através de entrevistas que mantínhamos com eles e de que resultava a enumeração de problemas que gostariam de debater. "Nacionalismo", "Remessa de lucros para o estrangeiro", "Evolução política do Brasil", "Desenvolvimento", "Analfabetismo", "Voto do analfabeto", "Democracia" eram, entre outros, temas que se repetiam, de grupo a grupo.

Estes assuntos, acrescidos de outros, eram tanto quanto possível esquematizados e, com ajudas visuais, apresentados aos grupos, em forma dialogal. Os resultados eram surpreendentes.

Com seis meses de experiências, perguntávamos a nós mesmos se não seria possível fazer algo, com um método também ativo, que nos desse resultados iguais, na alfabetização

---

[68] De acordo com as teses centrais que vimos desenvolvendo, pareceu-nos fundamental fazermos algumas superações na experiência que iniciávamos. Assim, em lugar de escola, que nos parece um conceito, entre nós, demasiado carregado de passividade, em face de nossa própria formação (mesmo quando se lhe dá o atributo de ativa), contradizendo a dinâmica fase de transição, lançamos o *Círculo de Cultura*. Em lugar de professor, com tradições fortemente "doadoras", o *Coordenador de Debates*. Em lugar de aula discursiva, o *diálogo*. Em lugar de aluno, com tradições passivas, o *participante de grupo*. Em lugar dos "pontos" e de programas alienados, *programação compacta*, "reduzida" e "codificada" em unidades de aprendizado.

do adulto, aos que vínhamos obtendo na análise de aspectos da realidade brasileira.[69]

Desde logo, afastáramos qualquer hipótese de uma alfabetização puramente mecânica. Desde logo, pensávamos a alfabetização do homem brasileiro, em posição de tomada de consciência, na emersão que fizera no processo de nossa realidade. Num trabalho com que tentássemos a promoção da ingenuidade em criticidade, ao mesmo tempo em que alfabetizássemos.

Pensávamos numa alfabetização direta e realmente ligada à democratização da cultura, que fosse uma introdução a esta democratização. Numa alfabetização que, por isso mesmo, tivesse no homem não esse paciente do processo, cuja virtude única é ter mesmo paciência para suportar o abismo entre sua experiência existencial e o conteúdo que lhe oferecem para sua aprendizagem, mas o seu sujeito. Na verdade, somente com muita paciência é possível tolerar, após as durezas de um dia de trabalho ou de um dia sem "trabalho", lições que falam de

---

69 A primeira experiência foi realizada no Recife, com um grupo de cinco analfabetos, dos quais dois desistiram no segundo ou terceiro dia. Eram homens egressos de zonas rurais, revelando certo fatalismo e certa apatia diante dos problemas. Completamente analfabetos. No vigésimo dia de debates, aplicamos testes de medição de aprendizado, cujos resultados foram favoráveis (positivos). Nesta fase trabalhávamos com epidiascópio por nos proporcionar maior flexibilidade na experiência. Projetávamos uma ficha em que apareciam duas vasilhas de cozinha, numa escrita a palavra "açúcar", noutra "veneno". E abaixo: "Qual dos dois você usaria para sua laranjada?" Pedíamos então ao grupo que tentasse ler a pergunta e desse a resposta oralmente. Respondiam rindo, depois de alguns segundos: "açúcar". O mesmo procedimento com relação a outros testes, como por exemplo o de reconhecimento de linhas de ônibus e edifícios públicos. Na vigésima primeira hora, um dos participantes escreveu com segurança: "Eu já estou espantado comigo mesmo."

ASA — "Pedro viu a Asa" — "A Asa é da Ave". Lições que falam de Evas e de uvas a homens que às vezes conhecem poucas Evas e nunca comeram uvas. "Eva viu a uva." Pensávamos numa alfabetização que fosse em si um ato de criação, capaz de desencadear outros atos criadores. Numa alfabetização em que o homem, porque não fosse seu paciente, seu objeto, desenvolvesse a impaciência, a vivacidade, característica dos estados de procura, de invenção e reivindicação.

Partíamos de alguns dados, a que se juntaram outros, com a colaboração valiosa da equipe do então Serviço de Extensão Cultural da Universidade do Recife, na época dirigido por nós, e em cuja órbita se fixou definitivamente a experiência.

Partíamos de que a posição normal do homem, como já afirmamos no primeiro capítulo deste trabalho, era a de não apenas estar no mundo, mas com ele. A de travar relações permanentes com este mundo, de que decorre pelos atos de criação e recriação, o acrescentamento que ele faz ao mundo natural, que não fez, representado na realidade cultural. E de que, nestas relações com a realidade e na realidade, trava o homem uma relação específica — de sujeito para objeto —, de que resulta o conhecimento, que expressa pela linguagem.

Esta relação, como já ficou claro, é feita pelo homem, independentemente de se é ou não alfabetizado. Basta ser homem para realizá-la. Basta ser homem para ser capaz de captar os dados da realidade. Para ser capaz de saber, ainda que seja este saber meramente opinativo. Daí que não haja ignorância absoluta, nem sabedoria absoluta.[70] O homem, contudo, não capta o dado da realidade, o fenômeno, a situação problemática pura. Na captação, juntamente com o problema, com o fenômeno, capta também seus nexos causais. Apreende a causalidade. A compreensão resultante da captação será tão mais crítica quanto seja feita a apreensão da causalidade autêntica. E será tão mais mágica à medida que se faça com um mínimo de apreensão dessa causalidade. Enquanto para a consciência crítica a própria causalidade autêntica está sempre submetida à sua análise — o que é autêntico hoje pode não ser amanhã —, para a consciência ingênua o que lhe parece causalidade autêntica já não é, uma vez que lhe atribui caráter estático, de algo já feito e estabelecido.

A consciência crítica é "a representação das coisas e dos fatos como se dão na existência empírica. Nas suas correlações causais e circunstanciais". "A consciência ingênua (pelo contrário) se crê superior aos fatos, dominando-os de fora, e por isso, se julga livre para entendê-los conforme melhor lhe agradar."[71]

A consciência mágica, por outro lado, não chega a acreditar-se "superior aos fatos, dominando-os de fora, nem "se julga livre para entendê-los como melhor lhe agradar". Simplesmente os capta, emprestando-lhes um poder

---

[70] Ninguém ignora tudo. Ninguém tudo sabe. A absolutização da ignorância, ademais de ser a manifestação de uma consciência ingênua da ignorância e do saber, é instrumento de que se serve a consciência dominadora para a manipulação dos chamados "incultos". Dos "absolutamente ignorantes" que, "incapazes de dirigirem-se", necessitam da "orientação", da "direção", da "condução" dos que se consideram a si mesmos "cultos e superiores".

[71] Álvaro Vieira Pinto, *Consciência e realidade nacional*. Rio de Janeiro: ISEB, MEC, 1961.

superior, que a domina de fora e a que tem, por isso mesmo, de submeter-se com docilidade. É próprio desta consciência o fatalismo, que leva ao cruzamento dos braços, à impossibilidade de fazer algo diante do poder dos fatos, sob os quais fica vencido o homem.

Por isso é que é próprio da consciência crítica a sua integração com a realidade, enquanto que da ingênua o próprio é sua superposição à realidade. Poderíamos acrescentar, dentro das análises que fizemos no primeiro capítulo, a propósito da consciência, finalmente que para a consciência fanática, cuja patologia da ingenuidade leva ao irracional, o próprio é a acomodação, o ajustamento, a adaptação.

Acontece, porém, que a toda compreensão de algo corresponde, cedo ou tarde, uma ação. Captado um desafio, compreendido, admitidas as hipóteses de resposta, o homem age. A natureza da ação corresponde à natureza da compreensão. Se a compreensão é crítica ou preponderantemente crítica, a ação também o será. Se é mágica a compreensão, mágica será a ação.

O que teríamos de fazer, numa sociedade em transição como a nossa, inserida no processo de democratização fundamental, com o povo em grande parte emergindo, era tentar uma educação que fosse capaz de colaborar com ele na indispensável organização reflexiva de seu pensamento. Educação que lhe pusesse à disposição meios com os quais fosse capaz de superar a captação mágica ou ingênua de sua realidade, por uma dominantemente crítica. Isso significava então colaborar com ele, o povo, para que assumisse posições cada vez mais identificadas com o clima dinâmico da fase de transição. Posições integradas com as exigências da democratização fundamental, por isso mesmo combatendo a inexperiência democrática.

Estávamos, assim, tentando uma educação que nos parecia a de que precisávamos. Identificada com as condições de nossa realidade. Realmente instrumental, porque integrada ao nosso tempo e ao nosso espaço e levando o homem a refletir sobre sua ontológica vocação de ser sujeito.

E se já pensávamos em método ativo que fosse capaz de criticizar o homem através do debate de situações desafiadoras, postas diante do grupo, estas situações teriam de ser existenciais para os grupos. Fora disso, estaríamos repetindo os erros de uma educação alienada, por isso ininstrumental.

A própria análise que vínhamos fazendo da sociedade brasileira, como uma sociedade em transição, com todo o seu jogo de intensas contradições, nos servia de suporte.

Sentíamos — permitia-se-nos a repetição — que era urgente uma educação que fosse capaz de contribuir para aquela inserção a que tanto temos nos referido. Inserção que, apanhando o povo na emersão que fizera com a "rachadura da sociedade", fosse capaz de promovê-lo da transitividade ingênua à crítica. Somente assim evitaríamos a sua massificação.

Este era, ao mesmo tempo, um fundamento de nossa experiência educativa e um dado seu.

Mas como realizar esta educação? Como proporcionar ao homem meios de superar suas atitudes, mágicas ou ingênuas, diante de sua realidade?

Como ajudá-lo a criar, se analfabeto, sua montagem de sinais gráficos? Como ajudá-lo a inserir-se?

A resposta nos parecia estar:

a) num método ativo, dialogal, crítico e criticizador;
b) na modificação do conteúdo programático da educação;
c) no uso de técnicas como a da redução e da codificação.

Somente um método ativo, dialogal, participante, poderia fazê-lo.[72]

E que é o diálogo? É uma relação horizontal de A com B. Nasce de uma matriz crítica e gera criticidade (Jaspers). Nutre-se do amor, da humildade, da esperança, da fé, da confiança. Por isso, só o diálogo comunica. E quando os dois polos do diálogo se ligam assim, com amor, com esperança, com fé um no outro, se fazem críticos na busca de algo. Instala-se, então, uma relação de simpatia entre ambos. Só aí há comunicação.

"O diálogo é, portanto, o indispensável caminho", diz Jaspers, "não somente nas questões vitais para nossa ordenação política, mas em todos os sentidos do nosso ser. Somente pela virtude da crença, contudo, tem o diálogo estímulo e significação: pela crença no homem e nas suas possibilidades, pela crença de que somente chego a ser eu mesmo quando os demais também cheguem a ser eles mesmos".

Era o diálogo que opúnhamos ao antidiálogo, tão entranhado em nossa formação histórico-cultural, tão presente e ao mesmo tempo tão antagônico ao clima de transição.

---

72 DIÁLOGO
A ⇄(com) B = comunicação
intercomunicação
Relação de "simpatia" entre os polos, em busca de algo.
MATRIZ: Amor, humildade, esperança, fé, confiança, criticidade.

O antidiálogo,[73] que implica uma relação vertical de A sobre B, é o oposto a tudo isso. É desamoroso. É acrítico e não gera criticidade, exatamente porque desamoroso. Não é humildade. É desesperançoso. Arrogante. Autossuficiente. No antidiálogo quebra-se aquela relação de "simpatia" entre seus polos, que caracteriza o diálogo. Por tudo isso, o antidiálogo não comunica. Faz comunicados.[74]

Precisávamos de uma pedagogia de comunicação com que vencêssemos o desamor acrítico do antidiálogo.

Há mais. Quem dialoga, dialoga com alguém sobre alguma coisa.

Esta alguma coisa deveria ser o novo conteúdo programático da educação que defendíamos.

E pareceu-nos que a primeira dimensão deste novo conteúdo com que ajudaríamos o analfabeto, antes mesmo de iniciar sua alfabetização, na superação de sua compreensão mágica como ingênua e no desenvolvimento da crescentemente crítica seria o conceito antropológico de cultura. A distinção entre os dois mundos: o da natureza e o da cultura. O papel ativo do homem *em* sua e *com* sua realidade. O sentido de mediação que tem a natureza para as relações e comunicação dos homens. A cultura como o acrescentamento que o homem faz ao mundo que não fez. A cultura como o resultado de seu trabalho. Do seu esforço criador

---

73 ANTIDIÁLOGO

Relação de "simpatia" quebrada.

A
sobre
B = comunicado

MATRIZ: Desamoroso, inumilde, desesperançoso, sem fé, sem confiança, acrítico.

74 Cf. Karl Jaspers, *Razão e anti-razão em nosso tempo*.

e recriador. O sentido transcendental de suas relações. A dimensão humanista da cultura. A cultura como aquisição sistemática da experiência humana. Como uma incorporação, por isso crítica e criadora, e não como uma justaposição de informes ou prescrições "doadas". A democratização da cultura — dimensão da democratização fundamental. O aprendizado da escrita e da leitura como uma chave com que o analfabeto iniciaria a sua introdução no mundo da comunicação escrita. O homem, afinal, *no* mundo e *com* o mundo. O seu papel de sujeito e não de mero e permanente objeto. A partir daí, o analfabeto começaria a operação de mudança de suas atitudes anteriores. Descobrir-se-ia, criticamente, como fazedor desse mundo da cultura.

Descobriria que tanto ele como o letrado têm um ímpeto de criação e recriação.

Descobriria que tanto é cultura o boneco de barro feito pelos artistas, seus irmãos do povo, como cultura também é a obra de um grande escultor, de um grande pintor, de um grande místico, ou de um pensador.

Que cultura é a poesia dos poetas letrados de seu país, como também a poesia de seu cancioneiro popular. Que cultura é toda criação humana.

Para a introdução do conceito de cultura, ao mesmo tempo gnosiológica e antropológica, elaboramos, após a "redução" deste conceito a traços fundamentais, dez situações existenciais "codificadas", capazes de desafiar os grupos e levá-los pela sua "descodificação" a estas compreensões. Francisco Brennand, uma das maiores expressões da pintura atual brasileira, pintou estas situações, proporcionando assim uma perfeita integração entre educação e arte.

A primeira situação inaugura as curiosidades do alfabetizando que, na expressão de escritor e amigo do autor, "destemporalizado, inicia sua integração no tempo".[75]

É impressionante vermos como se travam os debates e com que curiosidade os analfabetos vão respondendo às questões contidas na representação da situação. Cada representação da situação apresenta um número determinado de elementos a serem descodificados pelos grupos de alfabetizandos, com o auxílio do coordenador de debates.

E, à medida que se intensifica o diálogo em torno das situações codificadas — com "n" elementos — e os participantes respondem diferentemente a eles, que os desafiam, e que compõem a informação total da situação, se instala um "circuito" de todos os participantes, que será tão mais dinâmico quanto a informação corresponda à realidade existencial dos grupos.

Muitos deles, durante os debates das situações de onde retiram o conceito antropológico de cultura, afirmam felizes e autoconfiantes que não se lhes está mostrando "nada de novo, e sim refrescando a memória". "Faço sapatos", disse outro, "e descubro agora que tenho o mesmo valor do doutor que faz livros".

"Amanhã", disse certa vez um gari da Prefeitura de Brasília, ao discutir o conceito de cultura, "vou entrar no meu trabalho de cabeça para cima". É que descobrira o valor de sua pessoa. Afirmava-se. "Sei agora que sou culto", afirmou

---

[75] Odilon Ribeiro Coutinho, após assistir a uma das exposições do autor sobre sua experiência.

enfaticamente um idoso camponês. E ao se lhe perguntar por que se sabia, agora, culto, respondeu com a mesma ênfase: "Porque trabalho e trabalhando transformo o mundo."[76]

Reconhecidos, logo na primeira situação, os dois mundos — o da natureza e o da cultura e o papel do homem nesses dois mundos —, vão se sucedendo outras situações, em que ora se fixam, ora se ampliam as áreas de compreensão do domínio cultural.

A conclusão dos debates gira em torno da dimensão da cultura como aquisição sistemática da experiência humana. E que esta aquisição, numa cultura letrada, já não se faz via oral apenas, como nas iletradas, a que falta a sinalização gráfica. Daí passa-se ao debate da democratização da cultura, com que se abrem as perspectivas para o início da alfabetização.

Todo este debate é altamente criticizador e motivador. O analfabeto apreende criticamente a necessidade de aprender a ler e a escrever. Prepara-se para ser o agente deste aprendizado.

E consegue fazê-lo, na medida mesma em que a alfabetização é mais do que o simples domínio psicológico e mecânico de técnicas de escrever e de ler. É o domínio dessas técnicas, em termos conscientes. É entender o que se lê e escrever o que se entende. É comunicar-se graficamente. É uma incorporação.

Implica não uma memorização visual e mecânica de sentenças, de palavras, de sílabas, desgarradas de um universo existencial — coisas mortas ou semimortas —, mas numa atitude de criação e recriação. Implica uma autoformação de que possa resultar uma postura interferente do homem sobre

---

[76] Estas afirmações vêm se repetindo nas experiências que começam a ser realizadas no Chile.

seu contexto. Daí que o papel do educador seja fundamentalmente dialogar com o analfabeto sobre situações concretas, oferecendo-lhe simplesmente os instrumentos com que ele se alfabetiza. Por isso, a alfabetização não pode ser feita de cima para baixo, como uma doação ou uma imposição, mas de dentro para fora, pelo próprio analfabeto, apenas com a colaboração do educador. Por isso é que buscávamos um método que fosse também instrumento do educando, e não só do educador, e que identificasse, como lucidamente observou um jovem sociólogo brasileiro,[77] o conteúdo da aprendizagem com o processo mesmo da aprendizagem.

Daí a nossa descrença inicial nas cartilhas,[78] que pretendem a montagem da sinalização gráfica como uma doação e reduzem o analfabeto mais à condição de *objeto* que à de *sujeito* de sua alfabetização. Teríamos de pensar, por outro lado, na redução das chamadas palavras geradoras,[79] fundamentais ao aprendizado de uma língua silábica como a nossa. Não acreditávamos na necessidade de quarenta, cinquenta, oitenta palavras geradoras para a apreensão dos fonemas básicos da língua portuguesa. Seria isto, como é, uma perda

---

[77] Celso Beisegel.

[78] Na verdade, as cartilhas, por mais que procurem evitar, terminam por doar ao analfabeto palavras e sentenças que, realmente, devem resultar do seu esforço criador. O fundamental na alfabetização em uma língua silábica como a nossa é levar o homem a apreender criticamente o seu mecanismo de formação vocabular, para que faça, ele mesmo, o jogo criador de combinações. Não que sejamos contra os textos de leitura, que são outra coisa, indispensáveis ao desenvolvimento do canal visual-gráfico, e que devem ser em grande parte elaborados pelos próprios "participantes". Acrescentemos que a nossa experiência se fundamenta no aprendizado da informação através de canais múltiplos de comunicação.

[79] Palavras geradoras são aquelas que, decompostas em seus elementos silábicos, propiciam, pela combinação desses elementos, a criação de novas palavras.

de tempo. Quinze ou dezoito nos pareciam suficientes, para o processo de alfabetização pela conscientização.

Analisemos agora as fases de elaboração e de execução prática do método. Fases:

1. Levantamento do universo vocabular dos grupos com quem se trabalhará.

Este levantamento é feito através de encontros informais com os moradores da área a ser atingida, e em que não só se fixam os vocábulos mais carregados de sentido existencial e, por isso, de maior conteúdo emocional, mas também os falares típicos do povo. Suas expressões particulares, vocábulos ligados à experiência dos grupos, de que a profissional é parte.

Esta fase é de resultados muito ricos para a equipe de educadores, não só pelas relações que travam, mas pela exuberância não muito rara da linguagem do povo de que às vezes não se suspeita.

As entrevistas revelam anseios, frustrações, descrenças e esperanças, ímpeto de participação, como igualmente certos momentos altamente estéticos da linguagem do povo.

Em levantamentos vocabulares que figuravam nos arquivos do Serviço de Extensão Cultural da Universidade do Recife, de áreas rurais e urbanas, do nordeste e do sul do país, não são raros esses exemplos: "Janeiro em Angicos", disse um homem deste sertão do Rio Grande do Norte, "é duro de se viver, porque janeiro é cabra danado para judiar de nós". "Afirmação ao gosto de Guimarães Rosa", disse dela o professor Luiz de França Costa Lima, que fazia parte de nossa equipe do Serviço de Extensão Cultural da Universidade do Recife.

"Quero aprender a ler e a escrever", disse uma analfabeta do Recife, "para deixar de ser sombra dos outros". E um homem de Florianópolis, revelando o processo de emersão do povo, característico da transição brasileira: "O povo tem resposta." Um outro, em tom magoado: "Não tenho 'paixão' de ser pobre, mas de não saber ler."

"Eu tenho a escola do mundo", diz um analfabeto de um estado do sul do país, o que motivou o professor Jomard de Brito[80] a perguntar em ensaio seu: "Haveria alguma coisa de se propor ao homem enquanto adulto que afirma 'eu tenho a escola do mundo'?"

"Quero aprender a ler e a escrever para mudar o mundo", afirmação de um analfabeto paulista para quem, acertadamente, conhecer é interferir na realidade conhecida.

"O povo botou um parafuso na cabeça", afirmou um outro, numa linguagem um tanto esotérica. E, ao se lhe perguntar que "parafuso" era este, respondeu revelando mais uma vez a emersão popular, na transição brasileira: "É o que explica o senhor, doutor, vir falar comigo, povo."

Inúmeras afirmações desta ordem, a exigirem realmente um tratamento universitário na sua interpretação. Tratamento de especialistas vários de que resultasse, para o educador, um instrumental eficiente para sua ação.

Muitos destes textos de autores analfabetos vinham sendo objeto de análise do professor Luiz Costa Lima, na cadeira que regia de teoria literária.

As palavras geradoras deveriam sair destes levantamentos e não de uma seleção que fizéssemos nós mesmos, em

[80] Jomard Muniz de Brito, "Educação de adultos e unificação de cultura". *Revista de Cultura*, Estudos universitários, Universidade do Recife, 02/04/1963.

nosso gabinete, por mais tecnicamente bem escolhidas que fossem.

2. A SEGUNDA FASE É CONSTITUÍDA PELA ESCOLHA DAS PALAVRAS, SELECIONADAS DO UNIVERSO VOCABULAR PESQUISADO.

Seleção a ser feita sob os critérios:

a) da riqueza fonêmica;
b) das dificuldades fonéticas (as palavras escolhidas devem responder às dificuldades fonéticas da língua, colocadas numa sequência que vá gradativamente das menores às maiores dificuldades);
c) de teor pragmático da palavra, que implica uma maior pluralidade de engajamento da palavra numa dada realidade social, cultural, política etc.

"Hoje", diz o professor Jarbas Maciel, "nós vemos que estes critérios estão contidos no critério semiótico: a melhor palavra geradora é aquela que reúne em si maior 'percentagem' possível dos critérios sintático (possibilidade ou riqueza fonêmica, grau de dificuldade fonética complexa, de 'manipulabilidade' dos conjuntos de sinais, as sílabas etc.), semântico (maior ou menor 'intensidade' do vínculo entre a palavra e o ser que designa), maior ou menor adequação entre a palavra e o ser designado e pragmático, maior ou menor teor de conscientização que a palavra traz em potencial, ou conjunto de reações socioculturais que a palavra gera na pessoa ou grupo que a utiliza".[81]

[81] Jarbas Maciel, "A fundamentação teórica do sistema Paulo Freire de educação". *Estudos universitários*. Revista de cultura da Universidade do Recife, n. IV, 1963.

3. A TERCEIRA FASE CONSISTE NA CRIAÇÃO DE SITUAÇÕES EXISTENCIAIS TÍPICAS DO GRUPO COM QUEM SE VAI TRABALHAR.

Estas situações funcionam como desafios aos grupos. São situações-problema, codificadas, guardando em si elementos que serão descodificados pelos grupos com a colaboração do coordenador. O debate em torno delas irá, como o que se faz com as que nos dão o conceito antropológico de cultura, levando os grupos a se conscientizarem para que concomitantemente se alfabetizem.

São situações locais que abrem perspectivas, porém, para a análise de problemas nacionais e regionais. Nelas vão se colocando os vocábulos geradores, na gradação já referida, de suas dificuldades fonéticas. Uma palavra geradora tanto pode englobar a situação toda quanto pode referir-se a um dos elementos da situação.

4. A QUARTA FASE CONSISTE NA ELABORAÇÃO DE FICHAS-ROTEIRO, QUE AUXILIEM OS COORDENADORES DE DEBATE NO SEU TRABALHO. ESTAS FICHAS-ROTEIRO DEVEM SER MEROS SUBSÍDIOS PARA OS COORDENADORES, JAMAIS UMA PRESCRIÇÃO RÍGIDA A QUE DEVAM OBEDECER E SEGUIR.

5. A QUINTA FASE É A FEITURA DE FICHAS COM A DECOMPOSIÇÃO DAS FAMÍLIAS FONÊMICA`S CORRESPONDENTES AOS VOCÁBULOS GERADORES.

A grande dificuldade que se nos põe e que exige um alto senso de responsabilidade está na preparação dos quadros de coordenadores. Não porque haja dificuldades no aprendizado puramente técnico de seu procedimento. A dificuldade está na criação mesma de uma nova atitude — e ao mesmo tempo tão velha —, a do diálogo, que, no entanto, nos faltou no tipo de formação que tivemos e que analisamos no segundo capítulo deste estudo. Atitude dialogal à qual os coordenadores devem converter-se para que façam realmente educação e não "domesticação". Exatamente porque, sendo o diálogo uma relação *eu-tu*, é necessariamente uma relação de dois sujeitos. Toda vez que se converta o "tu" desta relação em mero objeto, se terá pervertido o diálogo e já não se estará educando, mas deformando. Este esforço sério de capacitação deverá estar acompanhado permanentemente de um outro: o da supervisão, também dialogal, com que se evitam os perigos da tentação do antidiálogo.

Confeccionado este material em *slides*, *stripp-films* ou cartazes, preparadas as equipes de coordenadores e supervisores, treinados inclusive nos debates das situações já elaboradas e recebendo suas fichas-roteiro, inicia-se o trabalho.

Execução prática

Projetada a situação com a primeira palavra geradora, representação gráfica da expressão oral da percepção do objeto, inicia-se o debate em torno de suas implicações.

Somente quando o grupo esgotou, com a colaboração do coordenador, a análise (descodificação) da situação dada, se volta o educador para a visualização da palavra geradora. Para a visualização e não para a sua memorização.

Visualizada a palavra, estabelecido o vínculo semântico entre ela e o objeto a que se refere, representado na situação, apresenta-se ao educando, noutro *slide*, ou noutro cartaz ou noutro fotograma — no caso de *stripp-film* —, a palavra, sem o objeto que nomeia. Logo após, apresenta-se a mesma palavra separada em sílabas, que o analfabeto, de modo geral, identifica como "pedaços". Reconhecidos os "pedaços", na etapa da análise, passa-se à visualização das famílias fonêmicas que compõem a palavra em estudo.

Estas famílias, que são estudadas isoladamente, passam depois a ser apresentadas em conjunto, do que se chega à última análise, a que leva ao reconhecimento das vogais. A ficha que apresenta as famílias em conjunto foi chamada pela professora Aurenice Cardoso[82] de "ficha da descoberta". É que, através dela, fazendo a síntese, o homem descobre o mecanismo de formação vocabular numa língua silábica, como a portuguesa, que se faz por meio de combinações fonêmicas.

Apropriando-se criticamente e não memorizadamente — o que não seria uma apropriação — deste mecanismo, começa a produzir por si mesmo o seu sistema de sinais gráficos.

Começa então, com a maior facilidade, a criar palavras com as combinações fonêmicas à sua disposição, que a decomposição de um vocábulo trissilábico lhe oferece, no primeiro dia em que debateu para alfabetizar-se.[83]

---

[82] Aurenice Cardoso, "Conscientização e alfabetização: uma visão prática do Sistema Paulo Freire". Estudos universitários, *Revista da Cultura*, nº 4. Recife: Universidade do Recife, 1963.

[83] De modo geral, vínhamos conseguindo, entre um mês e meio a dois meses, deixar grupos de 25 homens lendo jornais, escrevendo bilhetes e cartas simples e discutindo problemas de interesse local e nacional.

Acrescentemos ainda que um Círculo de Cultura se montava com um projetor de fabricação polonesa, chegado ao Brasil pelo custo de 7.800 cruzeiros. Um *stripp-film*, que nos custava, enquanto não montássemos nossos laboratórios,

Figuremos a palavra "tijolo" como primeira palavra geradora, colocada numa "situação" de trabalho em construção. Discutida a situação em seus aspectos possíveis, far-se-ia a vinculação semântica entre a palavra e o objeto que nomeia.

Visualizada a palavra dentro da situação, era logo depois apresentada sem o objeto: tijolo.

Após, vinha: ti-jo-lo.

Imediatamente à visualização dos "pedaços" e fugindo-se a uma ortodoxia analítico-sintética,[84] parte-se para o reconhecimento das famílias fonêmicas.

---

04 a 05 mil cruzeiros. A projeção era feita na própria parede da casa onde se instalava o Círculo de Cultura. Um quadro-negro de baixo custo, também. Nos locais onde se fazia difícil a projeção na parede, usávamos o quadro-negro, cujo lado oposto, pintado de branco, funcionava como tela.

O Ministério da Educação importara 35 mil desses aparelhos, que funcionavam com 220, 110 e seis volts. Aparelhos que foram apresentados, depois da "revolução", em programas de TV, como altamente "subversivos"...

[84] Segundo os processos psicológicos, os métodos do ensino da leitura e da escrita vêm sendo classificados em dois grandes grupos: o dos métodos sintéticos e dos analíticos. Como alongamento dos dois, os chamados analítico-sintéticos. Para o professor William Gray, em que pese o reconhecimento da validade desta classificação, os métodos de ensinamento da leitura se alinham em dois grandes grupos, que ele chama de antigos e especializados e de métodos modernos, mais ou menos ecléticos. Segundo ainda o professor Gray, esta classificação apresenta uma dupla vantagem: "É relativamente simples, não se prestando à controvérsia, e aplica-se a todos os métodos utilizados para ensinar os caracteres alfabéticos, silábicos ou ideográficos." Os antigos, ainda segundo o mesmo autor, se agrupavam em duas classes: "A daqueles que se fixam nos elementos vocabulares e no seu valor fonético para chegar à identificação dos nomes, e a dos que consideram de uma só vez as unidades linguísticas mais importantes, insistindo sobre a compreensão." Na primeira classe, situa o professor Gray "os métodos alfabético, fonético e silábico em que já se surpreende uma superação do método sintético, precisamente porque o elemento de base é a sílaba". Após a análise da segunda classe dos chamados métodos antigos, refere-se aos que chama de "métodos modernos". Discute, então, as tendências modernas, que enquadra em duas grandes categorias: tendências ecléticas e tendências centradas no aluno. A tendência

A partir da primeira sílaba, *ti*, motiva-se o grupo a conhecer toda a família fonêmica, resultante da combinação da consoante inicial com as demais vogais. Em seguida o grupo conhecerá a segunda família, através da visualização de *jo*, para, finalmente, chegar ao conhecimento da terceira.

Quando se projeta a família fonêmica, o grupo reconhece apenas a sílaba da palavra visualizada.

(ta-te-*ti*-to-tu), (ja-je-ji-*jo*-ju) e (la-le-li-*lo*-lu)

Reconhecido o *ti*, da palavra geradora *tijolo*, se propõe ao grupo que o compare com as outras sílabas, o que o faz descobrir que, se começam igualmente, terminam diferentemente. Desta maneira, não podem todos chamar-se *ti*.

Idêntico procedimento para com as sílabas *jo* e *lo* e suas famílias. Após o conhecimento de cada família fonêmica, fazem-se exercícios de leitura para a fixação das sílabas novas.

O momento mais importante surge agora, ao se apresentarem as três famílias juntas:

ta-te-ti-to-tu
ja-je-ji-jo-ju *Ficha da descoberta*
la-le-li-lo-lu

Após uma leitura em horizontal e outra em vertical, em que se surpreendem os sons vocais, começa o grupo, e não o coordenador, enfatize-se, a realizar a síntese oral.

---

eclética abarca exatamente a síntese e a análise, propiciando o analítico-sintético. Nosso trabalho se fixa entre as novas tendências. É um método eclético, em que jogamos, inclusive, com a elaboração de textos em colaboração com os alfabetizandos. William Gray, *Les Méthodes d'enseignement de la lecture et de l'écriture.* Paris: Unesco, 1953.

De um a um, vão todos "fazendo"[85] palavras com as combinações possíveis à disposição: tatu, luta, tijolo, lajota, tito, loja, jato, juta, lote, lula, tela etc., e há até os que, aproveitando uma vogal e uma das sílabas, associa-se outra a que juntam uma terceira, formando uma palavra. Por exemplo, tiram o *i* de *li*, juntam-no ao *le* e somam ao *te*: *leite*.

Há outros também, como um analfabeto de Brasília, para emoção de todos os presentes, inclusive do ex-Ministro da Educação Paulo de Tarso, cujo interesse pela educação do povo o levava à noite, no término do seu expediente, a assistir aos debates dos Círculos de Cultura, que disse: *tu já lê*, que seria em bom português: tu já lês.

E isto na primeira noite em que iniciava a sua alfabetização...

Terminados os exercícios orais, em que não houve apenas conhecimento, mas reconhecimento, sem o que não há verdadeira aprendizagem, o homem passa, na mesma primeira noite, a escrever.

No dia seguinte, traz de casa, como tarefa, tantos vocábulos quantos tenha podido criar com combinações de fonemas conhecidos. Não importa que traga vocábulos que não sejam termos. O que importa, no dia em que põe o pé neste terreno novo, é a descoberta do mecanismo das combinações fonêmicas.

O teste dos vocábulos criados deve ser feito pelo grupo, com a ajuda do educador, e não por este apenas, com a assistência do grupo.

---

85 "E fazem isto", disse-nos certa vez, lucidamente, o sr. Gilson Amado, ao entrevistar-nos em seu programa de TV, "na medida em que não há analfabetismo oral".

Na experiência realizada no estado do Rio Grande do Norte, chamavam de "palavra de pensamento" as que eram termos e de "palavras mortas" as que não o eram.

Não foram raros os exemplos de homens que, após a apropriação do mecanismo fonêmico, com a "ficha da descoberta", escreviam palavras com fonemas complexos — tra, nha etc. —, que ainda não lhe haviam sido apresentados. Num dos Círculos de Cultura da experiência de Angicos — Rio Grande do Norte —, que fora coordenado por uma de nossas filhas, Madalena, no quinto dia de debate, em que apenas se fixavam fonemas simples, um dos participantes foi ao quadro-negro para escrever, disse ele, uma "palavra de pensamento".[86] E redigiu: "o povo vai resouver [corrutela de resolver] os poblemas [corrutela de problemas] do Brasil votando conciente", sem o s da sílaba *cons*.

Acrescente-se que, nestes casos, os textos passavam a ser debatidos pelo grupo, discutindo-se a sua significação em face de nossa realidade.

Como se explicar que um homem analfabeto há até poucos dias escreva palavras com fonemas complexos antes mesmo de estudá-los? É que, tendo dominado o mecanismo das combinações fonêmicas, tentou e conseguiu expressar-se graficamente, como fala.

---

[86] Aspecto interessante a observar é o de que, geralmente, os alfabetizandos escreviam com segurança e legibilidade. Tanto quanto possível superando a indecisão natural dos que se iniciam. Para a professora Elza Freire, possivelmente, isto se deve ao fato de que, altamente motivados, tendo apreendido criticamente o mecanismo de combinações silábicas de sua língua e tendo se "descoberto mais homens a partir da discussão do conceito antropológico de cultura, ganhavam e iam ganhando cada vez mais segurança emocional, no seu aprendizado, que se refletia na sua atividade motora".

E isto se verificou em todas as experiências que passaram a ser feitas no país, e que se iam estender e aprofundar através do Programa Nacional de Alfabetização do Ministério da Educação e Cultura que coordenávamos, extinto depois do Golpe Militar.

Afirmação fundamental que nos parece dever ser enfatizada é a de que, na alfabetização de adultos, para que não seja puramente mecânica e memorizada, o que se há de fazer é proporcionar-lhes que se conscientizem para que se alfabetizem.

Daí, à medida que um método ativo ajude o homem a se conscientizar em torno de sua problemática, em torno de sua condição de pessoa, por isso de sujeito, se instrumentalizará para as suas opções.

Aí, então, ele mesmo se politizará. Quando um ex-analfabeto de Angicos, discursando diante do presidente Goulart, que sempre nos apoiou com entusiasmo,[87] e de sua comitiva, declarou que já não era *massa*, mas *povo*, disse mais do que uma frase: afirmou-se conscientemente numa opção. Escolheu a participação decisória, que só o povo tem, e renunciou à demissão emocional das massas. Politizou-se.

É claro que não podíamos nos satisfazer, e já o dissemos, com a alfabetização apenas, ainda que não puramente mecânica. Pensávamos, assim, nas etapas posteriores à alfabetização, dentro do mesmo espírito de uma pedagogia da comunicação. Etapas que variariam somente quanto à formação curricular.

---

[87] Queremos salientar aqui, também, o devotamento e a serenidade com que o ex-Ministro da Educação Júlio Sambaquy, apoiando-nos, conduzia o plano iniciado na administração Paulo de Tarso. Do mesmo modo, sublinhar atitude idêntica do professor João Alfredo da Costa Lima, então reitor da Universidade do Recife.

Se tivesse sido cumprido o programa elaborado no governo Goulart, deveríamos ter, em 1964, mais de 20 mil Círculos de Cultura funcionando em todo o país. E íamos fazer o que chamávamos de levantamento da temática do homem brasileiro. Estes temas, submetidos à análise de especialistas, seriam "reduzidos" a unidades de aprendizado, à maneira como fizéramos com o conceito de cultura e com as situações em torno das palavras geradoras. Prepararíamos os *stripp-films* com estas "reduções", bem como textos simples com referências aos textos originais.

Este levantamento nos possibilitaria uma séria programação que se seguiria à etapa da alfabetização. Mais ainda, com a criação de um catálogo de temas reduzidos e referências bibliográficas que poríamos à disposição dos colégios e universidades, poderíamos ampliar o raio de ação da experiência e contribuir para a indispensável identificação de nossa escola com a realidade.

Por outro lado, iniciávamos a preparação de material com que pudéssemos, em termos concretos, realizar uma educação em que houvesse lugar para o que Aldous Huxley chama de "arte de dissociar ideias",[88] como antídoto à força domesticadora da propaganda.[89]

---

[88] *El fin y los medios*. Buenos Aires: Editorial Sudamericana, 1950.

[89] Nunca nos esquecemos da propaganda, de certa forma inteligente, considerando as nossas matrizes culturais, todavia altamente prejudiciais à formação de uma mente crítica, feita para certo homem público brasileiro. Aparecia o busto do candidato, com setas dirigidas à sua cabeça, a seus olhos, à sua boca, às suas mãos. E, junto a estas setas:

> Você não precisa pensar, ele pensa por você!
> Você não precisa ver, ele vê por você!
> Você não precisa falar, ele fala por você!
> Você não precisa agir, ele age por você!

Stripp-films em que apresentaríamos como situações desafiadoras a serem discutidas, na fase ainda da alfabetização, desde as de simples propaganda comercial até as de caráter ideológico.

À medida que os grupos, discutindo, fossem percebendo o que há de engodo na propaganda, por exemplo, de certa marca de cigarros, em que aparece uma bela moça de biquíni, sorridente e feliz (e que ela em si mesma, com seu sorriso, sua beleza e seu biquíni não tem nada a ver com o cigarro), iriam descobrindo, inicialmente, a diferença entre educação e propaganda. Por outro lado, preparando-se para depois discutir e perceber os mesmos engodos na propaganda ideológica ou política.[90] Na sloganização. Iriam armando-se criticamente para a "dissociação de ideias" de Huxley.

Isto, aliás, sempre nos pareceu uma forma correta de defendermos a democracia autêntica, e não uma forma de lutarmos contra ela.

---

[90] Nas campanhas que se faziam e se fazem contra nós, nunca nos doeu nem nos dói quando se afirmava e afirma que somos "ignorantes", "analfabetos". Que somos "autor de um método tão inócuo que não conseguiu sequer alfabetizá-lo [ao autor]". Que não fomos o "inventor" do diálogo, nem do método analítico-sintético, como se alguma vez tivéssemos feito afirmação tão irresponsável. Que "nada de original foi feito" e que apenas fizemos "um plágio de educadores europeus ou norte-americanos. E também de um professor brasileiro, autor de uma cartilha... Aliás, a respeito de originalidade, sempre pensamos com Dewey, para quem "a originalidade não está no fantástico, mas no novo uso de coisas conhecidas" (*Democracia e educação: introdução à filosofia da educação,* 3ª ed. São Paulo: Companhia Editora Nacional, 1959).
Nunca nos doeu nem nos dói nada disto. O que nos deixa perplexos é ouvir ou ler que pretendíamos "bolchevizar o país", com "um método que não existia"... A questão, porém, era bem outra. Suas raízes estavam no trato que déramos, bem ou mal, ao problema da alfabetização, de que retiráramos o aspecto puramente mecânico, associando-o à "perigosa" conscientização. Estava em que encarávamos e encaramos a educação como um esforço de libertação do homem, e não como um instrumento a mais de sua dominação.

Lutar contra ela, se bem que em seu nome, é fazê-la irracional. É enrijecê-la para defendê-la da rigidez totalitária. É torná-la odienta, quando só cresce no respeito à pessoa e no amor. É fechá-la quando só vive na abertura. É nutri-la de medo quando há de ser corajosa. É fazê-la instrumento de poderosos na opressão contra os fracos. É militarizá-la contra o povo. É alienar uma nação em seu nome.

Defendê-la é levá-la àquilo que Mannheim chama de "democracia militante". Aquela que não teme o povo. Que suprime os privilégios. Que planifica sem se enrijecer. Que se defende sem odiar. Que se nutre da criticidade e não da irracionalidade.

À medida que falávamos à juventude brasileira, a homens simples do povo, a intelectuais, a especialistas e estendíamos o nosso trabalho, se lançavam contra nós as mais ridículas acusações, a que nunca demos atenção por conhecer bem suas origens e suas motivações. O que nos amargurava não era outra coisa senão a ameaça dos irracionalismos à nossa destinação democrática, anunciada na transição brasileira.

Apêndice

Para maior esclarecimento de afirmações feitas por nós no corpo dos últimos capítulos deste ensaio, apresentamos agora, em apêndice, as situações existenciais que possibilitam a apreensão do conceito de cultura, acompanhadas de alguns comentários. Pareceu-nos igualmente interessante apresentar as dezessete palavras geradoras que constituíram o *curriculum* dos Círculos de Cultura do estado do Rio e da Guanabara.

Por nos terem tomado os originais do pintor Francisco Brenand, que expressavam as situações existenciais para a discussão do conceito de cultura, solicitamos a Vicente de Abreu, outro pintor brasileiro, hoje também no exílio, que as refizesse. Seus quadros não são uma cópia de Brenand, ainda que haja necessariamente repetido a temática.

1ª SITUAÇÃO

O homem no mundo e com o mundo. Natureza e cultura.

Através do debate desta situação, em que se discute o homem como um ser de relações, se chega à distinção entre os dois mundos — o da natureza e o da cultura. Percebe-se a posição normal do homem como um ser no mundo e com o mundo.

Como um ser criador e recriador que, através do trabalho, vai alterando a realidade. Com perguntas simples, tais como: quem fez o poço? por que o fez? como o fez? quando?, que se repetem com relação aos demais "elementos" da situação, emergem dois conceitos básicos, o de *necessidade* e o de *trabalho*, e a cultura se explicita num primeiro nível, o de subsistência. O homem fez o poço porque teve necessidade de água. E o fez na medida em que relacionando-se com o mundo fez dele objeto de seu conhecimento. Submetendo-o, pelo trabalho, a um processo de transformação. Assim, fez a casa, sua roupa, seus instrumentos de trabalho. A partir daí, se discute com o grupo, em termos evidentemente simples, mas criticamente objetivos, as relações entre os homens, que não podem ser de dominação nem de transformação, como as anteriores, mas de sujeitos.

2ª SITUAÇÃO

Diálogo mediado pela natureza.

Na discussão anterior, já se havia chegado à análise das relações entre os homens que, por serem relações entre sujeitos, não podem ser de dominação. Agora, diante desta, o grupo é motivado à análise do diálogo. Da comunicação entre os homens. Do encontro entre consciências. Motivado à análise da mediação do mundo nesta comunicação. Do mundo transformado e humanizado pelo homem. Motivado à análise do fundamento amoroso, humilde, esperançoso, crítico e criador do diálogo.

As três situações que se seguem constituem uma série em cuja análise se ratifica o conceito de cultura, ao mesmo tempo em que se discutem outros aspectos de real interesse.

3ª SITUAÇÃO

Caçador iletrado.

Inicia-se o debate desta situação distinguindo-se nela o que é da natureza do que é da cultura. "Cultura neste quadro, dizem, é o arco, é a flecha, são as penas com as quais o índio se veste." E quando se lhes pergunta se as penas não são da natureza, respondem sempre: "As penas são da natureza, enquanto estão no pássaro. Depois que o homem mata o pássaro, tira suas penas, e transforma *elas* com o trabalho, já não são natureza. São cultura." Tivemos oportunidade de ouvir esta resposta inúmeras vezes, em várias regiões do país. Distinguindo a fase histórico-cultural do caçador da sua, chega o grupo ao conhecimento do que seja uma cultura iletrada. Descobre que, ao prolongar os seus braços cinco a dez metros, por meio do instrumento criado, por causa do qual já não necessita apanhar sua presa com as mãos, o homem fez cultura. Ao transferir não só o uso do instrumento, que funcionalizou, mas a incipiente tecnologia de sua fabricação, às gerações mais jovens, fez educação. Discute-se como se processa a educação numa cultura iletrada, onde não se pode falar propriamente de analfabetos. Percebem então, imediatamente, que ser analfabeto é pertencer a uma cultura iletrada, e não dominar as técnicas de escrever e ler. Esta percepção para alguns chega a ser dramática.

4ª SITUAÇÃO

Caçador letrado (cultura letrada).

Ao ser projetada esta situação, identificam o caçador como um homem de sua cultura, ainda que possa ser analfabeto. Discute-se o avanço tecnológico representado na espingarda em confronto com o arco e a flecha. Analisa-se a possibilidade crescente que tem o homem de, por seu espírito criador, por seu trabalho, nas suas relações com o mundo, transformá-lo cada vez mais. E que esta transformação, contudo, só tem sentido uma vez que contribua para a humanização do homem. Uma vez que se inscreva na direção da sua libertação. Analisam-se finalmente implicações da educação para o desenvolvimento.

5ª SITUAÇÃO

O caçador gato.

Nossa intenção, com esta série, entre outras, era estabelecer uma diferença faseológica entre os dois caçadores e uma diferença ontológica entre eles e o terceiro. É claro que não se iria nos debates falar em faseologia nem em ontologia. O povo, porém, com sua linguagem e a seu modo, percebe estas diferenças. Nunca esqueceremos um analfabeto de Brasília, que afirmou, com absoluta confiança em si: "Destes três, só dois são caçadores — os dois homens. São caçadores porque fazem cultura antes e depois que caçam. [Faltou apenas dizer que faziam cultura enquanto caçavam.] O terceiro, o gato, que não faz cultura, antes nem depois da 'caça', não é caçador. É perseguidor." Fazia assim uma diferença sutil entre caçar e perseguir. Em essência, o que havia de fundamental — fazer cultura — foi captado.

Do debate destas situações surgia toda uma riqueza de observações a propósito do homem e do animal. A propósito do poder criador da liberdade, da inteligência, do instinto, da educação, do adestramento.

6ª SITUAÇÃO

O homem transforma a matéria da natureza com o seu trabalho.

Projetada esta situação, inicia-se a discussão a propósito do que representa. Que vemos? Que fazem os homens? "Trabalham com o barro", dizem todos. "Estão alterando a matéria da natureza com o trabalho", dizem muitos.

Após uma série de análises que são feitas sobre o trabalho (e há até os que falam na "alegria de fazer as coisas bonitas", como um homem de Brasília), se pergunta da possibilidade de resultar do trabalho representado na situação um objeto de cultura.

Respondem que sim: "um jarro", "uma quartinha", "uma panela" etc.

7ª situação

Jarro, produto do trabalho do homem sobre a matéria da natureza.

Com que emoção escutamos, num Círculo de Cultura do Recife, durante a discussão desta situação, uma mulher, emocionada, dizer: "Faço cultura. Sei fazer isto." Muitos, referindo-se às flores que estão no jarro, afirmam delas: "São natureza, enquanto flores. São cultura, enquanto adorno."

Reforça-se, agora, o que já vinha de certa maneira sendo despertado desde o início — a dimensão estética da obra criada. E que será bem discutida na situação imediata, quando se analisa a cultura no nível da necessidade espiritual.

8ª SITUAÇÃO

Poesia.

Inicialmente, o coordenador de debates lê, pausadamente, o texto projetado. "Isto é uma poesia", de modo geral, afirmam todos. Caracteriza-se a poesia como popular. Seu autor é um homem simples do povo. Discute-se em torno se a poesia é ou não cultura. "É tão cultura quanto o jarro", dizem, "mas é diferente do jarro". Percebem, na discussão, em termos críticos, que a manifestação poética responde a uma necessidade diferente, cujo material de elaboração não é o mesmo.

Depois de discutirem vários aspectos da criação artística popular e erudita, não apenas na área da poesia, o coordenador relê o texto e o submete à discussão do grupo.

A BOMBA
A TERRIVEL BOMBA ATÔMICA
E A RADIO-ATIVIDADE
SIGNIFICAM TERROR
RUINA E CALAMIDADE
SE ACABASSEM COM A GUERRA
E TUDO FICASSE UNIDO
O NOSSO MUNDO DE HOJE
NÃO SERIA DESTRUIDO

9ª SITUAÇÃO

Padrões de comportamento.

Interessa-nos com esta situação analisar os padrões de comportamento, como manifestação cultural, para, em seguida, discutir-se resistência a mudança.

O quadro apresenta um gaúcho do Sul e um vaqueiro do Nordeste brasileiro, vestidos cada um à sua maneira. Através de suas vestes, chegamos à discussão de algumas de suas formas de comportamento. Certa vez, escutamos num Círculo de Cultura em um estado do sul do Brasil o seguinte: "Vemos aí tradições de duas regiões brasileiras — Sul e Nordeste. Tradições de vestir. Mas, antes de se formar as tradições, houve uma necessidade de vestir assim — um, com roupa quente, outro, com roupa grossa de couro. Às vezes, passa a necessidade, mas fica a tradição."

A análise desta situação, tanto quanto a das demais, era sempre muito rica. Obtinha-se o que se pretendia — a caracterização dos padrões de comportamento como uma manifestação cultural.

10ª SITUAÇÃO

Círculo de Cultura funcionando, síntese das discussões anteriores.

Esta situação apresenta um Círculo de Cultura funcionando. Ao vê-la, facilmente se identificam na representação. Debate-se a cultura como aquisição sistemática de conhecimentos e também a democratização da cultura, dentro do quadro geral da "democratização fundamental", que caracterizava o processo brasileiro.

"A democratização da cultura", disse certa vez um desses anônimos mestres analfabetos, "tem de partir do que somos e do que fazemos como povo. Não do que pensem e queiram alguns para nós". Além desses debates a propósito da cultura e de sua democratização, analisava-se o funcionamento de um Círculo de Cultura, seu sentido dinâmico, a força criadora do diálogo, o aclaramento das consciências. Em duas noites são discutidas estas situações, motivando-se intensamente os homens para iniciar, na terceira, a sua alfabetização, que é vista, agora, como uma chave para abrir a eles a comunicação escrita.

Só assim a alfabetização cobra sentido. É a consequência de uma reflexão que o homem começa a fazer sobre sua própria capacidade de refletir. Sobre sua posição no mundo. Sobre o mundo mesmo. Sobre seu trabalho. Sobre seu poder de transformar o mundo. Sobre o encontro das consciências. Reflexão sobre a própria alfabetização, que deixa assim de ser algo externo ao homem para ser dele mesmo. Para sair de dentro de si, em relação com o mundo, como uma criação.

Só assim nos parece válido o trabalho da alfabetização, em que a palavra seja compreendida pelo homem na sua justa significação: como uma força de transformação do mundo. Só assim a alfabetização tem sentido. Na medida em que o homem, embora analfabeto, descobrindo a relatividade da ignorância e da sabedoria, retira um dos fundamentos para a sua manipulação pelas falsas elites. Só assim a alfabetização tem sentido. Na medida em que, implicando todo este esforço de reflexão do homem sobre si e sobre o mundo em que e com que está, o faz descobrir "que o mundo é seu também, que o seu trabalho não é a pena que paga por ser homem, mas um modo de amar — e ajudar o mundo a ser melhor".

Vejamos, agora, as dezessete palavras geradoras escolhidas do "universo vocabular" pesquisado no estado do Rio e que se aplicariam, também, na Guanabara.

Apresentamo-las, contudo, sem as situações existenciais em que eram colocadas, apenas com algumas das possíveis dimensões da realidade que eram analisadas quando das discussões das situações.

Palavras geradoras

I) FAVELA — Necessidades fundamentais:
   a) Habitação
   b) Alimentação
   c) Vestuário
   d) Saúde
   e) Educação

Repitamos, neste apêndice, em linhas gerais, com a palavra geradora *favela*, o que fizemos, no quarto capítulo, com a palavra *tijolo*.

Analisada a situação existencial que representa em fotografia o aspecto de uma favela e em que se debate o problema da habitação, da alimentação, do vestuário, da saúde e da educação numa favela, e, mais ainda, em que se descobre a *favela* como situação problemática, se passa à visualização da *palavra*, com a sua vinculação semântica.

Em seguida: um *slide* apenas com a palavra:

FAVELA

Logo depois, outro, com a palavra separada em suas sílabas:

FA-VE-LA

Após: a família fonêmica:

FA-FE-FI-FO-FU

Segue-se:

VA-VE-VI-VO-VU

Em outro *slide:*

LA-LE-LI-LO-LU

Agora, as três famílias:

FA-FE-FI-FO-FU VA-VE-VI-VO-VU LA-LE-LI-LO-LU	*Ficha da descoberta*

O grupo começa então a criar palavras com as combinações à sua disposição.

2) CHUVA Aspectos para a discussão:	Influência do meio ambiente na vida humana. O fator climático na economia de subsistência. Desequilíbrios regionais do Brasil.

	Valorização do trabalho humano.
3) ARADO Aspectos para a discussão:	O homem e a técnica: processo de transformação da natureza. O trabalho e o capital. Reforma agrária.
4) TERRENO Aspectos para a discussão:	Dominação econômica. Latifúndio. Irrigação. Riquezas naturais. Defesa do patrimônio nacional.
5) COMIDA Aspectos para a discussão:	Subnutrição. Fome — do plano local ao nacional. Mortalidade infantil e doenças derivadas.
6) BATUQUE Aspectos para a discussão:	Cultura do povo. Folclore. Cultura erudita. Alienação cultural.
7) POÇO Aspectos para a discussão:	Saúde e endemias. Educação sanitária. Condições de abastecimento de água.

8) BICICLETA Aspectos para a discussão:	Problema do transporte. Transporte coletivo.
9) TRABALHO Aspectos para a discussão:	Processo de transformação da realidade. Valorização do homem pelo trabalho. Trabalho manual, intelectual e tecnológico. Artesanato. Dicotomia: trabalho manual — trabalho intelectual.
10) SALÁRIO Aspectos para a discussão:	Plano econômico. Situação do homem: a) remuneração do trabalho: trabalho assalariado e não assalariado. b) salário mínimo. c) salário móvel.
11) PROFISSÃO Aspectos para a discussão:	Plano social. O problema da empresa. Classes sociais e mobilidade social. Sindicalismo. Greve.

12) GOVERNO

Aspectos para a discussão:

Plano político.
O poder político (três poderes).
O papel do povo na organização do poder.
Participação popular.

13) MANGUE

Aspectos para a discussão:

A população do mangue.
Paternalismo.
Assistencialismo.
Ascensão de uma posição de objeto destas populações para a de sujeito.

14) ENGENHO

Aspectos para a discussão:

Formação econômica do Brasil.
Monocultura.
Latifúndio.
Reforma agrária.

15) ENXADA

Aspectos para a discussão:

Reforma agrária e reforma bancária.
Tecnologia e reforma.

16) TIJOLO

Aspectos para a discussão:

Reforma urbana — aspectos fundamentais.
Planejamento.
Relacionamento entre várias reformas.

17) RIQUEZA

Aspectos para a discussão:

O Brasil e a dimensão universal.

Confronto da situação de riqueza e pobreza.

O homem rico *versus* o homem pobre.

Nações ricas *versus* nações pobres.

Países dominantes e dominados.

Países desenvolvidos e subdesenvolvidos.

Emancipação nacional.

Ajudas efetivas entre as nações e a Paz Mundial.

NOTA FINAL: No momento, no Chile, uma equipe interdisciplinar do Departamento de Investigações da Divisão de Estudos da Consejería de Promoción Popular del Supremo Gobierno, de que fazem parte psiquiatras, antropólogos, psicólogos, urbanistas, economistas e sociólogos, inicia as primeiras experiências, com resultados animadores, com o método como instrumento de investigação psicossociológica.

Observa-se, desde já, que tanto o investigador quanto os grupos através de quem pretende o investigador pesquisar algo funcionam como sujeitos da investigação. O sentido altamente catártico que tem o método, por outro lado, possibilita a apreensão de "n" aspectos que, possivelmente, não seriam percebidos em outras condições que não fossem de discussão de situações existenciais dos grupos.

Na verdade, posta uma situação existencial diante de um grupo, inicialmente a sua atitude é a de quem meramente descreve a situação, como simples observador. Logo depois, porém, começa a analisar a situação, substituindo a pura descrição pela problematização da situação. Neste momento, chega à crítica da própria existência. Isto foi dito, mais ou menos, por uma mulher, residente em um *conventillo* (cortiço) de Santiago, na experiência realizada por um dos membros da equipe, Patricio Lopes.

"Gosto de discutir sobre isto", disse ela, referindo-se à situação representada, "porque vivo assim. Enquanto vivo, porém, não vejo. Agora, sim, observo como vivo".

Esta equipe, dirigida, no plano da Divisão, pelo psiquiatra e sociólogo chileno Patrício Montalva e coordenada pelo sociólogo francês Michel Marié, publicará, em breve, os primeiros informes de seus estudos.

Títulos de Paulo Freire editados pela Paz e Terra

À sombra desta mangueira

Ação cultural para a liberdade — e outros escritos

A África ensinando a gente — Angola, Guiné-Bissau, São Tomé e Príncipe (Paulo Freire e Sérgio Guimarães)

Alfabetização: leitura do mundo, leitura da palavra (Paulo Freire e Donaldo Macedo)

Aprendendo com a própria história (Paulo Freire e Sérgio Guimarães)

Cartas a Cristina — reflexões sobre minha vida e minha práxis

Cartas à Guiné-Bissau — registros de uma experiência em processo

Dialogando com a própria história (Paulo Freire e Sérgio Guimarães)

Educação como prática da liberdade

Educação e mudança

Educar com a mídia — novos diálogos sobre educação (Paulo Freire e Sérgio Guimarães)

Extensão ou comunicação?

Lições de casa — últimos diálogos sobre educação (Paulo Freire e Sérgio Guimarães) (título anterior: *Sobre educação*: Lições de casa)

Medo e ousadia — o cotidiano do professor (Paulo Freire e Ira Shor)

Nós dois (Paulo Freire e Nita Freire)

Partir da Infância — diálogos sobre educação (Paulo Freire e Sérgio Guimarães)

Pedagogia da autonomia — saberes necessários à prática educativa

Pedagogia da esperança — um reencontro com a *Pedagogia do oprimido*

Pedagogia da indignação — cartas pedagógicas e outros escritos

Pedagogia da libertação em Paulo Freire (Nita Freire e Ivanilde Apoluceno de Oliveira)
Pedagogia da solidariedade (Paulo Freire, Nita Freire e Walter Ferreira de Oliveira)
Pedagogia da tolerância
Pedagogia do compromisso — América Latina e Educação Popular
Pedagogia do oprimido
Pedagogia dos sonhos possíveis
Política e educação
Por uma pedagogia da pergunta (Paulo Freire e Antonio Faundez)
Professora, sim; tia, não
Sobre educação vol. 2 (Paulo Freire e Sérgio Guimarães)

Este livro foi composto na tipografia Dante MT Std, em corpo 12/15, e impresso em papel off-white no Sistema Digital Instant Duplex da Divisão Gráfica da Distribuidora Record.